よくわかる！

日本語能力試験 合格テキスト

N2

漢字

南雲智 監修
渡部聡子 著

はじめに

　私たち留学生就職サポート協会は 2019 年 8 月に発足した一般社団法人です。日本に留学した外国人留学生が日本の教育機関を卒業後、日本の企業に就職するためのサポートを目的としています。

　日本で就職するためには、かなり高度の日本語能力が企業からは求められます。そこで私たちは 2021、22 年度に日本語能力試験 N1 に合格できる日本語の力が身につく日本語テキスト 5 冊（読解、聴解、文法、漢字、語彙）を作成、出版しました。

　一方、N1 レベルを学習するまでの日本語能力に到達していない日本語の学習者がたくさんいることも知りました。そこで、N1 レベルには到達していないけれど、もう少し日本語能力向上の学習をすれば、日本語能力試験 N2 に合格できるにちがいない学習者の皆さんのために、『よくわかる！日本語能力試験 N2 合格テキスト』5 冊を刊行することにしました。

　どの領域も学習者が興味を持ち続け、学習意欲を落とさずに日本語能力が高められるように工夫されています。留学生の皆さんがこの教科書を手にし、最後まで手放さず日本語能力試験 N2 に合格できることを私たちは心から祈っています。

　どうぞ、この『よくわかる！日本語能力試験 N2 合格テキスト』を信頼して学習を進めていってください。

2023 年 2 月

留学生就職サポート協会理事長　南雲 智

◎本書の学び方について

☆　漢字の読み方や意味を理解するのは第一の目的ですが、理解したら実際に文章の中で使ってみてください。

☆　ユニットごとの「初めの文」の中に学習をする漢字を含むことにより、興味を持って覚えられるように工夫してみました。

☆　漢字の中には、音読み・訓読み以外に「特別な読み方」をするものが多数あります。問題を通し N3 レベルで学習した漢字も復習できるようにしました。

☆　各問題や記述問題で漢字を使うことによって、漢字についてより理解を深めてほしいと思います。

よくわかる！日本語能力試験　N2合格テキスト〈漢字〉　目次

問題紹介編

第1章　「日本到着」に関する漢字を覚えよう

第2章　「町で発見」に関する漢字を覚えよう

第3章　「健康第一」に関する漢字を覚えよう

本書で学べる漢字一覧

問題紹介編

■ STEP1 ┃日本の空港に到着┃

成田空港に到着しました。スーツケースが並んで出て来ました。無事受け取れるか心配でしたが大丈夫でした。学校の寮に行きました。国からの荷物が届いていました。

港	みなと　コウ

・港に船が入る　・港の風景はきれいだ
・成田国際空港　・漁港　・横浜港

到	トウ

・時間通りに到着する　・目標に到達する
・コンサートの予約が殺到する　・用意周到

用意周到➡用意がしっかりできて完全なこと

並	なら-ぶ　なら-べる　なみ　なら-びに　ヘイ

・おいしい店の前に人がたくさん並ぶ　・教室に机といすを並べる
・牛丼の並　・氏名並びに連絡先を書いてください
・線路に並行して道路が走る　・直列と並列

配	くば-る　ハイ

・お菓子を配る　・気を配る　・新聞を配達する
・心配する　・宅配サービスは便利だ　・問題用紙を配布する

寮　リョウ

- 大学の寮（だいがく りょう）
- 寮の友達（りょう ともだち）
- 寮生活（りょうせいかつ）
- 会社の寮（かいしゃ りょう）
- 独身寮（どくしんりょう）
- 入寮（にゅうりょう）

届　とど－く　　とど－ける

- 国から荷物が届く（くに にもつ とど）
- 手紙が届く（て がみ とど）
- 保育園に子どもを送り届ける（ほ いくえん こ おく とど）

■ STEP2 | 日本の料理と電車 |

　日本の料理は天丼やカツ丼が有名です。みそ汁もおいしいです。日本の電車は混んでいて、それに複雑です。乗車券を買いました。切符とも言います。初めて日本の電車に乗りました。

丼	どんぶり　　どん

・お相撲さんは丼でご飯を食べる　　・天丼　　・カツ丼　　・うな丼

汁	しる　　ジュウ

・和食にはみそ汁がつく　　・服にラーメンの汁がついた
・果汁100％のジュース

混	まーじる　　まーざる　　まーぜる　　こーむ　　コン

・麦の混ざったご飯を食べる　　・酒に水が混じる　　・小麦粉と卵を混ぜる
・私が乗る電車はいつも混んでいる　　・夏休みの駅は旅行客で混雑している
・頭が混乱して考えられない

雑	ザツ　　ゾウ

・複雑な問題　　・雑な仕事　　・休み時間に友だちと雑談する
・ラジオに雑音が入る　　・日本の学校では雑巾で掃除をする

誌	シ

・雑誌を読む　　・ファッション誌
・先生は授業の日誌をつけている　　・週刊誌は週に一回発行される

券	ケン

・乗車券　・入場券　・電車代が高いので定期券を買った
・1万円分の商品券をもらう　・旅券　・証券会社に勤める

符	フ

・電車の切符　・「？」は疑問符である
・音符で音の長さや高さを表す　・「＋」「−」は正と負の符号である

■ STEP3 | 日本での生活スタート

　部屋の**掃**除をしました。**清**潔なことは大切です。**汚**れた服を洗いました。荷物の**整**理をしました。寮の**庭**には花が**咲**いています。寮の**居**間で初めてテレビを見ました。面白そうです。でも日本語はよくわかりません。

掃	はーく　　ソウ

・部屋をほうきで掃く　　・掃き掃除　　・掃除機をかける
・教室を掃除する　　・悪い習慣を一掃する　　・今週は清掃当番だ

清	きよーい　　きよーまる　　きよーめる　　セイ　　ショウ

・清い心を持つ　　・身も心も清まる　　・滝で心身を清める
・作文の清書をする　　・コーラは清涼飲料水だ　　・清潔な衣服　　・六根清浄
六根清浄➡欲がなく心がきれいなこと

汚	よごーす　　よごーれる　　きたない　　けがーす　　けがーれる　　けがーらわしい　　オ

・子どもはすぐ服を汚す　　・汚れた服を洗う　　・床が汚い　　・汚水
・汚染された川　　・名前を汚す　　・心が汚れる　　・汚らわしい金

整	ととのーえる　　ととのーう　　セイ

・部屋をきれいに整える　　・整った顔立ち　　・机の中を整理する
・整理整頓　　・部屋の温度を調整する

庭	にわ　テイ

・庭に花を植える　　・校庭で遊ぶ　　・明るい家庭を作る
・日本庭園

咲	さ-く

・桜が咲く　　・桜の五分咲き　　・昔話に花が咲く
・政治の世界に返り咲く

居	い-る　キョ

・居間でテレビを見る　　・居酒屋に行く　　・住居を変える　　・転居する
・友だちと同居する　　・親と別居する　　・居住地を決める

■ STEP4 ｜学校へ行く途中で｜

学校へ行く途中で一輪の花を見つけました。きれいでした。国の母に花を贈りたいと思いました。コンビニでおにぎりを買いました。友達はのり巻きがおいしいと言っています。お菓子もいろいろあります。甘いです。

途	ト

・朝、学校へ来る途中友だちに会った　　・外へ出た途端、雨が降ってきた
・用途が広い　・中途半端　・前途多難
前途多難➡将来に多くの困難が待っている

輪	わ　リン

・輪になって踊る　・指輪　・花輪を髪に飾る　・犬の首輪
・一輪の花　・三輪車　・駐輪場に自転車をとめる　・車の前輪と後輪

贈	おく-る　ゾウ　ソウ

・誕生日に花束を贈る　・贈り物
・デパートの贈答品売り場　・寄贈する

巻	ま-く　まき　カン

・包帯を巻く　・ビデオの巻き戻し　・のり巻き　・マフラーを巻く
・上巻・下巻　・全巻　・とらの巻

菓	か

・お<ruby>菓<rt>か</rt></ruby><ruby>子<rt>し</rt></ruby>　　・<ruby>和<rt>わ</rt></ruby><ruby>菓<rt>が</rt></ruby><ruby>子<rt>し</rt></ruby>　　・<ruby>洋<rt>よう</rt></ruby><ruby>菓<rt>が</rt></ruby><ruby>子<rt>し</rt></ruby>　　・<ruby>製<rt>せい</rt></ruby><ruby>菓<rt>か</rt></ruby><ruby>工<rt>こう</rt></ruby><ruby>場<rt>じょう</rt></ruby>

応用：茶菓（さか／ちゃか）

甘	あまーえる　　あまーやかす　　あまーい　　カン

・<ruby>親<rt>おや</rt></ruby>に<ruby>甘<rt>あま</rt></ruby>える　　・<ruby>子<rt>こ</rt></ruby>どもを<ruby>甘<rt>あま</rt></ruby>やかす　　・<ruby>甘<rt>あま</rt></ruby>いお<ruby>菓<rt>か</rt></ruby><ruby>子<rt>し</rt></ruby>　　・<ruby>自<rt>じ</rt></ruby><ruby>分<rt>ぶん</rt></ruby>に<ruby>甘<rt>あま</rt></ruby>い<ruby>性<rt>せい</rt></ruby><ruby>格<rt>かく</rt></ruby>
・<ruby>人<rt>じん</rt></ruby><ruby>生<rt>せい</rt></ruby>は<ruby>甘<rt>あま</rt></ruby>くない　　・<ruby>甘<rt>あま</rt></ruby><ruby>酒<rt>ざけ</rt></ruby>　　・<ruby>人<rt>じん</rt></ruby><ruby>工<rt>こう</rt></ruby><ruby>甘<rt>かん</rt></ruby><ruby>味<rt>み</rt></ruby><ruby>料<rt>りょう</rt></ruby>

駐	チュウ

・<ruby>駐<rt>ちゅう</rt></ruby><ruby>車<rt>しゃ</rt></ruby><ruby>場<rt>じょう</rt></ruby>に<ruby>車<rt>くるま</rt></ruby>を<ruby>止<rt>と</rt></ruby>める　　・<ruby>駐<rt>ちゅう</rt></ruby><ruby>車<rt>しゃ</rt></ruby><ruby>禁<rt>きん</rt></ruby><ruby>止<rt>し</rt></ruby>
・アメリカに<ruby>駐<rt>ちゅう</rt></ruby><ruby>在<rt>ざい</rt></ruby>する　　・<ruby>駐<rt>ちゅう</rt></ruby><ruby>日<rt>にち</rt></ruby><ruby>大<rt>たい</rt></ruby><ruby>使<rt>し</rt></ruby>

■ STEP5 日本での暮らしと私の目標

　先輩が引っ越しをするので、手伝いました。家賃は高そうです。部屋を借りるために契約書にサインも必要です。身分証明書はいつも持ち歩きます。先輩が住んでいる地域は静かです。私の目標は、先輩のように日本語が上手になることです。

輩	ハイ

・先輩　・後輩　・吾輩は猫である　・多くの有名選手を輩出した高校

越	こーす　こーえる　エツ

・体温が 38℃ を越す　・国境を越える　・引っ越しをする
・前の車を追い越す　・優越感を持つ

賃	チン

・家賃を払う　・バスの運賃が高い　・賃金を払う
・最低賃金を上げてほしい　・賃貸マンション

契	ちぎーる　ケイ

・契約書にサインをする　・契約する　・入学を契機に、カバンを買った
応用：契りを交わす

証	ショウ

・身分証明書を持つ　・無実を証明する　・免許証
・卒業証書　・保証人

域	イキ

・地域の人々　・地域住民　・立ち入り禁止区域　・川の流域

標	ヒョウ

・目標を持つ　・標準記録　・道路標識をよく見る　・交通安全の標語

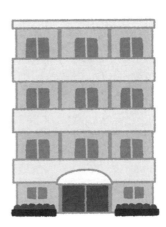

第1章 確認問題

問題1 _____の漢字の読み方を書きましょう。（送り仮名もつけましょう。）

①宅配サービスはとても便利だ。　（　　　　　）（　　　　　）

②氏名並びに連絡先を書いてください。　（　　　　　）

③国から荷物が届いてとてもうれしい。　（　　　　　）（　　　　　）

④麦の混じったご飯は、健康にいい。　（　　　　　）

⑤電車に毎日乗るので、定期券を買った。　（　　　　　）

⑥庭にきれいな花が咲いた。　（　　　　　）（　　　　　）

⑦時々、部屋をきれいに整える。　（　　　　　）（　　　　　）

⑧教室に掃除機をかける。　（　　　　　）

⑨学校へ来る途中、友だちに会った。　（　　　　　）

⑩先輩は、アルバイトで忙しそうだ。　（　　　　　）（　　　　　）

問題2 _____のひらがなを漢字に直しましょう。また送り仮名もつけましょう。

①みなとの風景はきれいだ。　［　　　　　］

②ひっこしして、じゅうきょが変わった。　［　　　　　］［　　　　　］

③私は、あまいおかしが大好きだ。　［　　　　　］［　　　　　］

④パン屋の前に人がたくさんならんでいます。　［　　　　　］

⑤時間通りに電車がとうちゃくしました。　［　　　　　］

⑥みそしるは、健康にいいそうです。　［　　　　　］

⑦電車のきっぷをなくした。　［　　　　　］

⑧友だちは、てんどんが好きだ。　［　　　　　］

⑨子どもはすぐ服をよごす。　［　　　　　］

⑩先生は授業のあとににっしをつけている。　［　　　　　］

四字熟語

用意周到 って？

意味 用意がしっかりできて完全なこと。

「**用意**」は準備、「**周到**」はしっかりできて完全なこと。

例 卒業式は、**用意周到**な実施計画の下、厳かに行われた。

前途多難 って？

意味 将来に多くの困難が待っていること。

「**前途**」は、行く先の道。将来。「**多難**」は、困難が多いこと。

例 日本に留学できたけれど、お金もあまりなくて**前途多難**だ。学校に相談して早くアルバイトを決めよう。

■ STEP1 ┃ 学校へ行くためにバスに乗る ┃

　私は普通、朝7時に起きます。牛乳を1杯飲んで学校へ行きます。まずバスの停留所まで歩きます。バス停の時刻表を見ると、朝はたくさんバスが走っています。でも時刻を間違えて出かけ、バスが通り過ぎてしまったこともあります。

普	フ

・普通は夜10時に寝る　　・携帯電話が普及する　　・普通預金
・今日のテストの結果は普通だった　　・普段着で出かける

杯	ハイ

・牛乳を1杯飲む　　・乾杯する　　・2杯　　・3杯

停	テイ

・バスの停留所　　・バスが停車する
・各駅停車に乗って、のんびり観光する　　・早く停戦してほしい
・停学処分　　・停電は困る

刻	きざ-む　コク

・ねぎを刻んで、ラーメンに入れる　　・深く心に刻む　　・刻みのり
・バスの時刻表　　・朝寝坊して遅刻した　　・電車が定刻通りに来る
・深刻な問題

違	ちが－う　　ちが－える　　イ

・習慣が違う　　・時刻を間違える　　・漢字を間違える
・道を間違える　　・親と私は考えが違う　　・意見の相違
・交通違反　　・違法行為

過	す－ぎる　　す－ごす　　あやま－つ　　あやま－ち　　カ

・バスが通り過ぎる　　・冬が過ぎて春になる　　・楽しい時を過ごす
・休日はのんびり過ごしたい　　・過って友だちにけがをさせる
・過ちを犯す　　・過去と未来　　・通過点

■ STEP2 │ 私の生まれた町 │

郵便局へ行きました。航空便で国へ手紙を送りました。私の生まれた町は海に近いです。漁港があります。父は漁師です。家族は私を含めて6人です。エビを輸出しています。日本からは自動車を輸入しています。日本製の車は人気があります。

郵	ユウ

・郵便局　　・郵便が届く　　・速達郵便　　・書類を郵送する

航	コウ

・航空便で送る　　・航空機　　・太平洋を一人で航海する
・航路　　・台風で飛行機が欠航になった　　・話し合いが難航する

漁	ギョ　　リョウ

・漁業を営む　　・漁港　　・漁村　　・漁船
・漁をする　　・漁師　　・今日はいわしの大漁だ

輸	ユ

・石油を輸入する　　・大型船で輸送する　　・輸出する
・空輸　　・輸血用の血液

製	セイ

・新製品を開発する　　・製造年月日　　・日本製の車
・フランス製の香水　　・木製の家具

含	ふく-む　　ふく-める　　ガン

・水を口に含む　　・兄弟は私を含めて4人だ

・レモンはビタミンCを多く含んでいる　　・牛乳にはカルシウムが含まれている

・含有率

■ STEP3 銀行で日本の円に換える

　銀行で国のお金を日本円に**替**えました。銀行は金**融**機関です。人が多いです。買い物の時、円で**払**いました。電車が**込**んでいました。家に**戻**って**両**親に電話をしました。話をして気分転**換**できました。

替	かーわる　　かーえる　　タイ

- ・円をドルに替える　　・運転を替わる　　・選手を交替する
- ・両替所

融	ユウ

- ・金融機関　　・銀行から融資を受ける　　・融通がきかない人
- ・東西文化の融合　　・近隣国との融和は大切だ

払	はらーう　　フツ

- ・お金を払う　　・賃金を支払う　　・賃金の前払いは難しい

応用：不信感を払拭する

込	こーむ　　こーめる

- ・車で道が込んでいる　　・心を込める　　・税込み
- ・彼は考え込む性格だ　　・荷物をたくさん詰め込む

戻	もどーる　　もどーす　　レイ

- ・席に戻る　　・忘れ物に気づいて家に戻る　　・話を元に戻す
- ・本を棚に戻す　　・税金を払い戻す　　・預金を払い戻す

応用：保険の返戻金

両	リョウ

・両親　　・両方　　・両側　　・両手
・勉強と仕事の両立　　・銀行で両替をする

換	かーわる　　かーえる　　カン

・隣と席が換わる　　・宝石をお金に換える
・窓を開けて空気を入れ換える　　・窓を開けて換気する
・贈り物を交換する　　・交換日記

■ STEP4 コンビニで買い物をする

今日は太陽がよく照っていて暖かいです。コンビニで千円札を使いました。手帳を買いました。おつりは百円硬貨です。週刊誌は買いません、読めませんから。コンビニのATMで預金ができます。でも振り込みは難しいです。

照	て－る　て－らす　て－れる　ショウ

- 太陽が照っている　　・ライトで舞台を照らす　　・ほめられると照れる
- 日照時間　　・別紙参照　　・残高照会

札	ふだ　サツ

- 名札を付ける　　・千円札　　・一万円札
- 百万円の札束なんて見たことがない　　・駅の自動改札はいつも混んでいる

帳	チョウ

- 手帳にメモをする　　・銀行の通帳は大切だ
- 会社の帳簿をつける仕事　　・小学生の頃、日記帳を付けていた

硬	かた－い　コウ

- 硬い石　　・表情が硬い　　・硬い表現
- 百円硬貨　　・強硬な意見

貨	カ

- 五百円硬貨を貯金するのは楽しい　　・雑貨屋さんを見るのは面白い
- 貨物列車が通る　　・外貨　　・金貨　　・最近は、貨物トラックが多い

刊	カン

・週刊誌　　・月刊誌　　・日刊紙　　・新聞の朝刊、夕刊
・本が刊行される　　・創刊号は明日発売される

預	あず－かる　　あず－ける　　ヨ

・貴重品を預かる　　・荷物を預ける　　・預金　　・普通預金

振	ふ－る　　ふ－れる　　ふ－るう　　シン

・手を振る　　・腕を振って歩く　　・針が振れる　　・料理の腕を振るう
・彼女に振られる　　・成績不振　　・振り込み　　・銀行振込

■ STEP5 ┃住んでいるところや友だち

　今、住んでいるところは**仮**の住まいです。でも楽しいです。昨日、友だちからプレゼントの花を**渡**されました。びっくりしました。部屋に**飾**りました。学校では、新しいクラスに**溶**けこめるようになりました。友達と牛丼の大**盛**りを食べました。

仮	かり　　カケ

- ・仮の住まい　　・仮説を立てて実験する
- ・まだ仮免許なので運転できない　　・仮病は良くない

渡	わた-る　　わた-す　　ト

- ・船で川を渡る　　・道路を渡る
- ・子供たちは、横断歩道を手をあげて渡る　　・プレゼントを渡す
- ・バトンを渡す　　・コロナで海外への渡航者が減っている

飾	かざ-る　　ショク

- ・花を飾る　　・髪に飾りをつける　　・店内を装飾する
- ・名刺を装飾する　　・室内装飾

溶	と-ける　　と-かす　　と-く　　ヨウ

- ・砂糖が水に溶ける　　・氷が溶ける　　・フライパンでバターを溶かす
- ・絵の具を溶く　　・小麦粉を水で溶く　　・新しいクラスに溶けこむ
- ・水溶液　　・火山噴火で溶岩が流れる

盛	もーる　　さかーる　　さかーん　　セイ　　ジョウ

・茶わんにご飯を盛る　　・牛丼の大盛り　　・火が燃え盛る
・盛んに手を振る　　・スポーツが盛んな高校　　・盛大なパーティ
・店がはん盛する

招	まねーく　　ショウ

・パーティに招く　　・手を振って子供たちを招く
・誕生日に友人を招待する　　・招待状をもらう　　・議会を招集する

第2章 確認問題

問題1 ＿＿＿＿の漢字の読み方を書きましょう。

①ねぎを刻んで、ラーメンに入れる。 （　　　　　）
②寒い冬が過ぎてようやく春になった。 （　　　　　）
③各駅停車より急行の方が速く行ける。 （　　　　　）（　　　　　）
④父は漁師なので、朝、暗い時間に出かける。 （　　　　　）（　　　　　）
⑤製造年月日をよく確認しよう。 （　　　　　）
⑥海外から多くの食品を輸入している。 （　　　　　）
⑦勉強と仕事の両立は難しい。 （　　　　　）
⑧自動改札ができて便利になった。 （　　　　　）
⑨貴重品は預けたほうが安心だ。 （　　　　　）（　　　　　）
⑩スペインはサッカーが盛んな国だ。 （　　　　　）

問題2 ＿＿＿＿のひらがなを漢字に直しましょう。また送り仮名もつけましょう。

①雨の日はバスていに人がたくさん並ぶ。 ［　　　　　］
②水を口にふくんでようやく元気になった。 ［　　　　　］
③台風で飛行機がけっこうになった。 ［　　　　　］
④この会社で賃金のまえばらいはできません。 ［　　　　　］
⑤忘れ物に気づいて家にもどった。 ［　　　　　］
⑥誕生パーティーに友人をしょうたいした。 ［　　　　　］
⑦まずかせつを立てて実験しよう。 ［　　　　　］
⑧車が多いので、道路をわたるのは難しい。 ［　　　　　］
⑨鉄板でバターをとかしステーキを焼く。 ［　　　　　］
⑩この会社では、みんななふだをつけている。 ［　　　　　］

四字熟語

一朝一夕（いっちょういっせき）って？

意味 非常（ひじょう）に短（みじか）い時間（じかん）。また、「一時的（いちじてき）に」の意味（いみ）。

「**一朝**（いっちょう）」は、一朝（ひとあさ）。「**一夕**（いっせき）」は、一晩（ひとばん）。どちらも短（みじか）い期日（きじつ）、わずかな時間（じかん）をいう。

「**一朝一夕**（いっちょういっせき）には……**できない**」など、後半（こうはん）に打（う）ち消（け）しの表現（ひょうげん）がくることが多（おお）い。

例 いくらがんばっても**一朝一夕**（いっちょういっせき）には日本語（にほんご）は上手（うま）くならない。

「健康第一」に関する漢字を覚えよう

■ STEP1 ┃ 留学生も健康が第一 ┃

　留学生にも**健康診断**があります。学校に病院の医師が来て**診察**します。体に**異変**があったら**診察**を受け、**治療**をしなければなりません。**命**が大切。海外での**暮らし**は、健康が第一です。

健	すこ‒やか　ケン

・健やかに生活する　　・健やかに育つ　　・子供の健やかな成長
・学校の保健室　　・健康診断　　・健全な精神　　・健康を保つ

康	コウ

・健康に気をつける　　・健康的な生活　　・小康状態
・健康保険　　・健康な肉体

診	み‒る　シン

・医者に診てもらう　　・診察を受ける　　・定期健診
・今日は休診です　　・初診はお金がかかる

断	ことわ‒る　ダン

・約束を断る　　・油断する　　・道路を横断する　　・横断歩道

異	こと‒なる　イ

・異なる考え　　・兄弟でも性格は異なる　　・国によって習慣が異なる
・異文化　　・体に異常がある　　・異国の地
・異常気象による災害がふえている　　・異性の友達ができる

察	サツ

・病院で診察を受ける　・植物の観察　・観察日記をつける
・気持ちを察する　・警察官になる

療	リョウ

・病気を治療する　・診療時間は９時〜 18 時
・最新の医療機器で治療を行う　・父は病気で療養中です

命	いのち　メイ　ミョウ

・命をさずかる　・命を落とす　・生命　・運命
・命令にしたがう　・寿命がのびる

暮	く−れる　く−らす　ボ

・日が暮れて暗くなる　・夕暮れ　・年の暮れ
・海外で暮らす　・薄暮の時間は事故が多い　・一人暮らしは寂しい

■ STEP2 ｜ ジムに通うことにする

　　まだ若いのに、最近肩がこります。毎日学校と寮の往復なので、たぶん運動不足です。部屋でときどき腹筋運動をしていましたが、まだ足りないようです。それで、近くのジムに通うことにしました。そこでは、背、腕、腰などいろいろな運動ができます。

肩	かた　　ケン

- 肩がこる　　・肩をもむ　　・肩を組む　　・社長の肩書き
- 肩を並べる　　・肩の荷が下りる　　・肩が軽くなる　　・肩こう骨

応用：国の将来は若者の双肩にかかっている（国の将来は若者の働きが頼りである）。

往	オウ

- 家と会社を往復する　　・往復はがき
- 往路は歩いて、復路はバスで帰ろう　　・動けないので医者に往診を頼む
- この地域は車の往来が激しい　　・びっくりして右往左往する

腹	はら　　フク

- 腹が痛い　　・腹を決める　　・腹が立つ　　・腹をかかえて笑う
- 太っ腹　　・空腹をおぼえる　　・満腹

応用：腹が減っては軍（戦）ができぬ（腹が減っていては十分に活動できない）。

筋	すじ　　キン

- 足の筋をいためる　　・背筋をのばす　　・筋道を立てて話す
- 腹筋運動　　・筋肉をきたえる　　・鉄筋コンクリートのマンション

背	せ　せい　そむ−く　そむ−ける　ハイ

- 背中
- 背が伸びる
- 背を向ける
- 本の背表紙
- 背比べ
- 命令に背く
- 顔を背ける
- 目を背ける
- 事件の背後にいる人物
- 背景

腕	うで　ワン

- 腕が長い
- 腕を組む
- 腕時計
- 腕がいい
- 腕を上げる
- 腕力が強い
- 腕白な子ども

腰	こし　ヨウ

- 腰をおろす
- 腰を上げる
- 腰が抜ける
- 話の腰を折る
- この蕎麦は腰があっておいしい
- 腰痛

■ STEP3 ┃ アルバイトが大変 ┃

　友だちは時々「胃が痛い」と言っています。アルバイトは大変です。骨の折れる仕事も多いです。ストレスかもしれません。病院で内臓の検査を受けました。一方、私は日本語が少し上達し、脳の働きも活発です。ジムに通ったり家で腹筋運動をしたりして健康に気をつけています。日本は季節の変化がおもしろいです。

胃	イ

・胃が痛い　　・胃痛　　・胃の病気　　・胃の検査
・胃腸薬　　・胃袋　　・胃炎　　・胃がん

骨	ほね　コツ

・魚の骨を取る　　・骨の多い魚　　・足の骨を折ってしまった
・骨折　　・骨の折れる仕事　　・接骨院

臓	ゾウ

・内臓　　・心臓　　・肝臓　　・臓器移植

胸	むね　むな　キョウ

・胸を張って歩く　　・胸がどきどきする　　・胸を打つ
・戦争のニュースに胸が痛む　　・胸騒ぎ　　・胸囲を測る
・○○さんはどんな時も度胸がある

脳	ノウ

・脳の働き　　・脳科学　　　・脳裏に刻む
・宗教に洗脳される　　　・アジア各国の首脳が集まる

節	ふし　セツ　セチ

・指の節　　　・竹の節　　・体の関節が痛い　　　・人生の節目
・季節　　・節分　　・最近は物価が高いので節約しよう
・温度調節　　・お正月のお節料理　　・お節介をやく

■ STEP4 ┃ 早く寝るようにする

　日本の冬は寒いです。かぜの**症状**が出てきました。原**因**は**睡眠**不足かもしれません。健康状態が悪いと勉強が進みません。早く寝ることにしました。次の日は状況がよくなり、今は元気です。やっぱり**睡眠**は重要です。

症	ショウ

・重症　　・軽症　　・炎症を起こす　　・炎症を軽くする薬
・自覚症状　　・不眠症はつらい

状	ジョウ

・かぜの症状がある　　・命に別状はない　　・賞状をもらい喜ぶ
・贈り物の礼状を出す

因	よ−る　イン

・台風に因る被害　　・大雨に因り試合を中止します　　・病気の原因
・因果関係を調べる　　・トラブルの要因　　・死因

睡	スイ

・睡魔におそわれる　　・じゅく睡する　　・昨日は一睡もできなかった

眠	ねむ−る　ねむ−い　ミン

・ぐっすり眠る　　・眠れない夜　　・深い眠り　　・いつも朝は眠い
・眠くなる話　　・睡眠は重要だ　　・仮眠をとる　　・不眠に悩んでいる
・睡眠薬　　・祖母は90歳で永眠した

態	タイ　ダイ

・健康状態が悪い　・態度が悪い　・緊急事態

・ゴリラの生態を観察する　・容態が変わる

況	キョウ

・状況が一変する　・状況を報告する　・不況で国民の生活が苦しい

・サッカーの実況中けい

■ STEP5 ┃雪に触った┃

北海道は雪がたくさん降るそうです。大雪で屋根を傷めることもあります。雪の重みが屋根を圧迫することもあります。町役場では雪への対処が大変です。怖い雪ですが、私は雪の感触が好きです。雪で皮ふが赤くなり痛かったです。でも雪に触ったことが忘れられません。

傷　いた-む　いた-める　きず　ショウ

- 台風で家が傷む　・果物が傷む　・大雪で屋根を傷める
- 事故で車を傷める　・事故で負傷する　・事故で重傷を負う
- 他人を中傷する

圧　アツ

- 雪の重みが屋根を圧迫する　・圧力をかける　・血圧を測る
- 高血圧　・低血圧　・今日は、低気圧により雲が多い
- 圧倒的な強さで勝利する

処　ショ

- 緊急事態に対処する　・応急処置をとる　・古い道具を処分する
- 苦情を処理する　・薬を処方する

怖　こわ-い　フ

- 怖い話　・地震が怖い　・犬を怖がる　・恐怖　・高所恐怖症

触	さわーる　　ふーれる　　ショク

・医者がおなかに触る　　・頭に触って熱をみる
・外の空気に触れる　　・異文化に触れる　　・雪の冷たい感触が好きです

皮	かわ　　ヒ

・リンゴの皮をむく　　・餃子の皮　　・動物の毛皮
・皮ふが赤くなる　　・生き物の脱皮　　・皮ふ科に行く　　・皮肉を言う

第3章 確認問題

問題1 _____の漢字の読み方を書きましょう。

①文化や習慣は国によって異なる。 （　　　　　　）

②診療時間は、朝9時から18時までだ。 （　　　　　　）

③一人で暮らすことは大変だ。 （　　　　　　）

④親は子供の健やかな成長を願っている。 （　　　　　　）

⑤事件の歴史的背景を調べる。 （　　　　　　）

⑥アジア各国の首脳が集まる。 （　　　　　　）

⑦戦争のニュースに毎日胸が痛む。 （　　　　　　）

⑧この小説の筋書きは複雑だ。 （　　　　　　）

⑨ゴリラの生態を観察する。 （　　　　　　）

⑩雪の重みが屋根を圧迫する。 （　　　　　　）

問題2 _____のひらがなを漢字に直しましょう。また送り仮名もつけましょう。

①けんこうに気をつけて生活する。 ［　　　　　　］

②毎日家と学校をおうふくしている。 ［　　　　　　］

③冬が過ぎ、暖かいきせつがやってきた。 ［　　　　　　］

④台風による被害が増している。 ［　　　　　　］

⑤新しいいのちを授かり幸せだ。 ［　　　　　　］

⑥ふきょうで国民の生活が苦しい。 ［　　　　　　］

⑦リンゴのかわをきれいにむく。 ［　　　　　　］

⑧薬局で薬をしょほうしてもらう。 ［　　　　　　］

⑨外の空気にふれて気持ちがいい。 ［　　　　　　］

⑩アサガオのかんさつ日記をつける。 ［　　　　　　］

四字熟語

一病息災って？
（いち びょう そく さい）

意味 病気を一つ持っているくらいの人の方が、健康に気をつけるので、健康に自信のある人よりもかえって長生きをすること。

「**一病**」は、一つの病気。「**息災**」は、身体が健康であること。

例 「おばあちゃん、**一病息災**だから、ちょっとの病気は全然大丈夫。ちゃんと薬を飲んで、医者の言うことを聞いて、いつまでも元気でいてね。」

特別な読み方を復習しよう❶

◆正しい読み方はどっち？

①道路を渡るときは左右をよく見て渡ろう。　　a．さゆう　　　b．さう

②文句を言わないで、ちゃんと仕事しよう。　　a．ぶんく　　　b．もんく

③二つの事件は同一の犯人が行ったものだ。　　a．どういつ　　b．どういち

④父は人から借金をして店を始めた。　　　　　a．しゃくきん　b．しゃっきん

⑤最近はペットボトルの緑茶がおいしい。　　　a．りょくちゃ　b．みどりちゃ

⑥私の乗る電車は早朝から混んでいる。　　　　a．そうあさ　　b．そうちょう

⑦二つの国が統一されて新しい国になった。　　a．といち　　　b．といつ

⑧インターネットで商品を注文するのは不安だ。a．ちゅうもん　b．ちゅうぶん

⑨昨日の夜、吐き気が止まらなかった。　　　　a．はきき　　　b．はきけ

⑩友達は私立の小学校に通っていたらしい。　　a．しりつ　　　b．しよう

[答え　①a　②b　③a　④b　⑤a　⑥b　⑦b　⑧a　⑨b　⑩a]

■ STEP1 ┃学校と仕事で忙しい┃

　先輩は、学校へ通いながらアルバイトもしています。だからとても忙しいです。仕事で頭が疲れて宿題ができないこともあると言っています。でも留学生のライバルがいるので競い合いながら頑張っています。先輩は国へ帰ったら家族も養わなければなりません。留学生兼お父さんですから大変です。私は少し日本に慣れてきました。

忙	いそが—しい　ボウ

・毎日仕事で忙しい　　・目が回るほど忙しい　　・多忙な毎日を過ごす
・仕事に忙殺される　　・「お忙しいところすみません」

疲	つか—れる　ヒ

・長時間歩いて足が疲れた　　・仕事で疲れる　　・人生に疲れる
・仕事で疲労がたまる　　・疲労回復にはこのドリンクがおすすめだ。

競	きそ—う　せ—る　キョウ　ケイ

・ライバルと成績を競う　　・ゴール近くではげしく競る　　・競争
・100メートル競走のタイムを競う　　・オークションで名画を競る
・競馬の騎手

頑	ガン

・勉強を頑張る　　・頑固な性格　　・頑じょうな体
・頑じょうな家

養	やしな-う　　ヨウ

・家族を養う　　・日頃から体力を養う　　・養育費を払う
・栄養のある物を食べよう　　・仕事には休養が大切だ　　・養子をもらう

兼	か-ねる　　ケン

・2つの仕事を兼ねる　　・兼業農家　　・男女兼用の服
・晴雨兼用のかさ

慣	な-れる　　な-らす　　カン

・新しい仕事に慣れる　　・留学生活に慣れる　　・住み慣れた町を離れる
・仕事を始めて早起きの習慣ができた　　・国によって習慣が違う
・生活習慣　　・慣用句を調べる

■ STEP2 労働しながら日本語を学ぶ

　労働は厳しいです。上司の指示に従わなければなりません。就業規則もしっかり覚えます。販売の仕事の場合、来客の応対も難しいです。先日、先輩の家を訪ねました。先輩は日本語で小論文を書く練習をしていました。採用試験のためです。私にも日本語の課題がまだたくさんあります。

厳	きび-しい　　おごそ-か　　ゲン　　ゴン

- 厳しい仕事
- 厳しい先生
- 厳しい規則
- 寒さが厳しい
- 厳かな音楽
- 厳かな雰囲気
- 厳重に注意する
- 厳密に調べる
- 荘厳な音楽

従	したが-う　　したが-える　　ジュウ　　ショウ

- 上司の指示に従う
- 部下を従えて出かける
- 従順な部下
- 研究に従事する
- 長年医療に従事してきた
- 主従関係

応用：従容たる態度

就	つ-く　　つ-ける　　シュウ　　ジュ

- 新しい仕事に就く
- 販売の仕事に就く
- 子供を有名なコーチに就ける
- 就職する
- 就業規則を守る
- 就業時間を守る
- 就寝時間
- 願いを成就させる

応	こた-える　　オウ

- 期待に応える
- 手を振って応える
- 来客に応対する
- 取材の対応
- 試合の応援
- 応募書類を送る

訪	おとず-れる　　たず-ねる　　ホウ

・京都を訪れる　　・秋が訪れ紅葉が美しい　　・先生の家を訪ねる
・先生の家を訪問する

論	ロン

・論文を書く　　・議論する　　・難しい理論

採	と-る　　サイ

・新入社員を採る　　・採用試験に合格する
・植物採集できれいな花をみつけた

課	カ

・夏休みは課題がたくさんある　　・責任を課す　　・課題に取り組む
・課長は部下に優しい

■ STEP3 ｜ アルバイトを始める

　アルバイトの**募**集があったので応**募**してみました。アルバイトで**雇**われる会社は、宅配の会社で有名**企**業です。友達も応**募**したので一緒に採用になりました。友達と一緒なら、早く仕事に**適**応できると思います。さっそく会社の中を**案**内してもらいました。

募　つのーる　ボ

- アルバイトを募る　・参加者を募る　・寄付を募る
- 募金　・募集　・急募　・コンクールに応募する

雇　やとーう　コ

- アルバイトを雇う　・運転手を雇う　・雇用条件を確認する
- 雇用契約書　・会社を解雇される

企　くわだーてる　キ

- 悪事を企てる　・金もうけを企てる　・新製品を企画する
- 新しい企画を考える　・有名企業

適　テキ

- このスポーツは高齢者に適している　・登山に適した服装／靴
- 米作りに適した土地　・能力に適した教育　・適切なアドバイス
- 適度な運動　・快適に過ごす

案	アン

・店内を案内する　・道案内（を）する　・面白い案を考える
<ruby>店内<rt>てんない</rt></ruby><ruby>案内<rt>あんない</rt></ruby>　<ruby>道案内<rt>みちあんない</rt></ruby>　<ruby>面白<rt>おもしろ</rt></ruby>い<ruby>案<rt>あん</rt></ruby><ruby>考<rt>かんが</rt></ruby>

・名案　・発案者
<ruby>名案<rt>めいあん</rt></ruby>　<ruby>発案者<rt>はつあんしゃ</rt></ruby>

般	ハン

・一般的な考え　・一般の会社　・一般人　・全般
<ruby>一般的<rt>いっぱんてき</rt></ruby><ruby>考<rt>かんが</rt></ruby>　<ruby>一般<rt>いっぱん</rt></ruby><ruby>会社<rt>かいしゃ</rt></ruby>　<ruby>一般人<rt>いっぱんじん</rt></ruby>　<ruby>全般<rt>ぜんぱん</rt></ruby>

・全般的な知識
<ruby>全般的<rt>ぜんぱんてき</rt></ruby><ruby>知識<rt>ちしき</rt></ruby>

総	ソウ

・総合病院　・総合職と一般職　・日本の総理大臣は誰ですか
<ruby>総合病院<rt>そうごうびょういん</rt></ruby>　<ruby>総合職<rt>そうごうしょく</rt></ruby><ruby>一般職<rt>いっぱんしょく</rt></ruby>　<ruby>日本<rt>にほん</rt></ruby><ruby>総理大臣<rt>そうりだいじん</rt></ruby><ruby>誰<rt>だれ</rt></ruby>

・全員の意見を総合する　・今までの点数を総合する
<ruby>全員<rt>ぜんいん</rt></ruby><ruby>意見<rt>いけん</rt></ruby><ruby>総合<rt>そうごう</rt></ruby>　<ruby>今<rt>いま</rt></ruby><ruby>点数<rt>てんすう</rt></ruby><ruby>総合<rt>そうごう</rt></ruby>

■ STEP4 ┃ 営業の仕事は厳しい ┃

営業の仕事は、信頼関係が大切です。依頼されたことは、責任を持って行わなければなりません。比較されたり、評価されたり、厳しい世界です。

営 いとな-む　エイ

・家族で店を営む　・年中無休で営業する　・会社を経営する
・NPO 組織を運営する

頼 たの-む　たの-もしい　たよ-る　ライ

・部下に仕事を頼む　・子供に用事を頼む　・頼もしい若者
・頼れる先輩　・仕事を依頼する　・信頼できる友達
・両親の信頼に応える

依 イ　エ

・上司の依頼を受ける　・輸入に依存する　・大国の経済力に依存する
・依存心　・大雨が依然として続く　・依然（として）問題は未解決だ

比 くら-べる　ヒ

・二人の身長を比べる　・AとBを見比べる　・和食と中華を食べ比べる
・両方を対比する　・去年に（と）比べて今年は暖かい

較 カク

・両方を比較する　・大きさを比較する
・自社製品と他社製品を比較する　・プロジェクトは比較的上手く進んでいる

評	ヒョウ

・評判のいいレストラン　　・成績を評価する
・映画の評論をする　　・評論家

価	あたい　　カ

・商品に適正な価をつける　　・商品に適正な価格をつける
・この商品は価格が高すぎる　　・読む価値のある本　　・物価が高い
・外見で人を評価する　　・成績を評価する

■ STEP5 | 留学生活に慣れてくると… |

留学生活に慣れてくると、生活が少しずつ**乱**れます。そのため生活習慣を**改善**しなければなりません。まず起きる時刻です。次に食事です。栄養を考えた食事が大切です。一方、会社に**勤務**する場合は、自然に生活が整ってきます。今、**景気**がいいので会社は忙しいです。

乱 みだ-れる　みだ-す　ラン

・風で髪が乱れる　・生活が乱れる　・呼吸が乱れる
・列を乱す　・心を乱す　・規律を乱す　・机の上が乱雑だ
・頭が混乱する　・乱暴な人　・乱暴者　・字を乱暴に書く
・反乱　・散乱

改 あらた-める　あらた-まる　カイ

・乱れた生活を改める　・欠点を改める　・改まった態度
・年（年号）が改まる　・失敗をして改心する　・デパートの改装

善 よ-い　ゼン

・善い行い　・人助けは善いことだ　・善悪を確かめる
・善良な市民　・体質を改善する　・症状が改善する

勤 つと-める　つと-まる　キン　ゴン

・会社に勤めている　・医師として病院に勤める
・君にも十分勤まる仕事だよ　・彼なら課長が勤まるだろう
・通勤時間　・勤労感謝の日　・勤続20年　・無断欠勤　・転勤
応用：勤行

務	つと−める　　つと−まる　　ム

- 司会を務める　　・リーダーが務まるか心配だ　　・病院に勤務する
- 義務を果たす　　・義務教育　　・事務所

景	ケイ

- 風景がきれいな町　　・百万ドルの夜景　　・絶景を楽しむ
- 不景気で物が売れない　　・景気が回復する

資	シ

- 資源を守る　　・海洋資源　　・地下資源
- 会社を始めるには資金が必要だ　　・レポートの資料を集める
- 調理師の資格を得る

第4章 確認問題

問題1　＿＿＿＿の漢字の読み方を書きましょう。

①社長の彼は、目が回るほど忙しい。　　　　　（　　　　　　　）

②日頃から栄養のある物を食べよう。　　　　　（　　　　　　　）

③ライバルと成績を競いながら頑張った。　　　（　　　　　　　）

④仕事を始めて、早起きの習慣ができた。　　　（　　　　　　　）

⑤北海道の冬は寒さが厳しい。　　　　　　　　（　　　　　　　）

⑥植物採集できれいな花を見つけた。　　　　　（　　　　　　　）

⑦私は医師として長年病院に勤めてきた。　　　（　　　　　　　）

⑧説明書の指示に従って、本棚を作る。　　　　（　　　　　　　）

⑨体質改善のためにウォーキングをする。　　　（　　　　　　　）

⑩海洋資源の重要性を見直そう。　　　　　　　（　　　　　　　）

問題2　＿＿＿＿のひらがなを漢字に直しましょう。また送り仮名もつけましょう。

①この町のふうけいは、今も変わらない。　　　［　　　　　　　］

②しんらいできる友達ができてうれしい。　　　［　　　　　　　］

③ここは味がよいとひょうばんの店だ。　　　　［　　　　　　　］

④A社とB社の製品をひかくする。　　　　　　［　　　　　　　］

⑤この商品はかかくが高すぎて売れない。　　　［　　　　　　　］

⑥外国人に道を聞かれてあんないをした。　　　［　　　　　　　］

⑦登山は、それにてきした服装が大切だ。　　　［　　　　　　　］

⑧今までの点数をそうごうすると、進級できるだろう。［　　　　　　　］

⑨希望の会社にしゅうしょくができた。　　　　［　　　　　　　］

⑩ひろう回復には、このドリンクがいい。　　　［　　　　　　　］

四字熟語

不眠不休（ふみんふきゅう）って？

意味 眠ることも休むこともせずに続けること。たいへんな努力をすること。

「**不眠**」は眠らないこと。「**不休**」は休まないこと。

例 大事故が起こり、担当者は**不眠不休**で復旧作業に当たった。

■ STEP1 ┃ 会社でいろいろ知る

　会社にはいろいろな**役職**があります。それぞれ**役割**が違います。この前コピーを頼まれました。**拡**大コピーを初めて知りました。仕事をしながら会社の人との**距離**が少しずつ**縮**まりました。最近、通信**販売**が進んでいますが、それに頼らないで**販売戦略**を考えます。お金の**価値**は大きいです。頑張ります。

役	ヤク　エキ

- ・役に立つ　・役職に就く　・役員　・与えられた役割を果たす
- ・映画の配役　・町の役所に勤める　・市役所で手続きをする
- ・使役形を学ぶ

割	わーれる　わーる　わり　さーく　カツ

- ・役割を果たす　・5割引　・割り算を学ぶ　・コップが割れる
- ・氷が割れる　・水割り　・窓ガラスを割る
- ・卵を割って入れる　・時間を割く　・分割払い

拡	カク

- ・拡大コピー　・写真を拡大する　・会社の規模を拡大する
- ・拡大鏡

距	キョ

- ・家から学校までの距離　・長い距離を歩く　・遠距離恋愛
- ・考え方に距離がある　・クラスメイトとの距離が縮まる

縮	ちぢ-む　ちぢ-まる　　ちぢ-める　　ちぢ-れる　　ちぢ-らす　　シュク

・セーターが縮む　　・相手との距離が縮まる　　・体を縮める
・髪の毛が縮れる　　・縮図を見る　　・コロナ禍のため会社の規模を縮小する

販	ハン

・販売の仕事　　・通信販売　　・ネット販売　　・市販の薬
・自動販売機

略	リャク

・略して記号で表す　　・一部省略する　　・略歴
・略図　　・販売戦略

値	あたい　ね　チ

・商品に値をつける　　・称賛に値する行為　　・値段を比べる
・値打ちのある本　　・人の値打ちは外見では決められない　　・お金の価値

■ STEP2 ┃ 早く社員になりたい

　ある会社では、社員の場合、会社の商品を2割引の金額で購入できると聞きました。早く社員になりたいです。会社では、期日までに納められた品物に利益が出るように価格をつけます。適度な価格をつけ、信頼を損なわないようにします。この会社は、社長が私財を使って作った会社だそうです。

額	ひたい　ガク

- 額にしわを寄せる
- 猫の額ほどの庭
- 金額
- 半額
- 額縁

購	コウ

- 電気製品を購入する
- 共同購入
- 雑誌の定期購読
- 大量購入

納	おさ-める　おさ-まる　ノウ　ナッ　ナ　ナン

- 学費を納める
- 税金を納める
- 商品が期日までに納まる
- この部屋には収納スペースがたくさんある
- 学費は分納も可能だ
- 納豆を初めて食べた
- 不用な家具は納戸に片付ける

片	かた　ヘン

- 部屋を片付ける
- 片面印刷
- 片側一車線の道路
- 片思い
- 自転車の片手運転は危ない
- ガラスの破片

益	エキ　ヤク

・<ruby>利<rt>り</rt></ruby><ruby>益<rt>えき</rt></ruby>を<ruby>出<rt>だ</rt></ruby>す　　・<ruby>実<rt>じつ</rt></ruby><ruby>益<rt>えき</rt></ruby>を<ruby>兼<rt>か</rt></ruby>ねる　　・<ruby>収<rt>しゅう</rt></ruby><ruby>益<rt>えき</rt></ruby>をあげる　　・<ruby>有<rt>ゆう</rt></ruby><ruby>益<rt>えき</rt></ruby>な<ruby>話<rt>はなし</rt></ruby>を<ruby>聞<rt>き</rt></ruby>く

応用：ご<ruby>利<rt>り</rt></ruby><ruby>益<rt>やく</rt></ruby>

損	そこ-なう　　そこ-ねる　　ソン

・<ruby>信<rt>しん</rt></ruby><ruby>頼<rt>らい</rt></ruby>を<ruby>損<rt>そこ</rt></ruby>なう　　・<ruby>働<rt>はたら</rt></ruby>きすぎて<ruby>健<rt>けん</rt></ruby><ruby>康<rt>こう</rt></ruby>を<ruby>損<rt>そこ</rt></ruby>ねる　　・<ruby>昼<rt>ひる</rt></ruby>ご<ruby>飯<rt>はん</rt></ruby>を<ruby>食<rt>た</rt></ruby>べ<ruby>損<rt>そこ</rt></ruby>なう
・<ruby>相<rt>あい</rt></ruby><ruby>手<rt>て</rt></ruby>の<ruby>気<rt>き</rt></ruby><ruby>分<rt>ぶん</rt></ruby>を<ruby>損<rt>そこ</rt></ruby>ねる　　・ガラスが<ruby>破<rt>は</rt></ruby><ruby>損<rt>そん</rt></ruby>する　　・<ruby>損<rt>そん</rt></ruby>をする

財	ザイ　サイ

・<ruby>財<rt>ざい</rt></ruby><ruby>産<rt>さん</rt></ruby>　　・<ruby>子<rt>こ</rt></ruby>どもに<ruby>財<rt>ざい</rt></ruby><ruby>産<rt>さん</rt></ruby>を<ruby>残<rt>のこ</rt></ruby>す　　・<ruby>私<rt>し</rt></ruby><ruby>財<rt>ざい</rt></ruby>を<ruby>投<rt>とう</rt></ruby>じて<ruby>会<rt>かい</rt></ruby><ruby>社<rt>しゃ</rt></ruby>を<ruby>作<rt>つく</rt></ruby>る
・<ruby>財<rt>さい</rt></ruby><ruby>布<rt>ふ</rt></ruby>を<ruby>忘<rt>わす</rt></ruby>れて<ruby>家<rt>いえ</rt></ruby>に<ruby>戻<rt>もど</rt></ruby>る

第5章

■ STEP3 | 働いてお金をもらう |

　私たちは、一般的に、働いて収入を得ます。そしてそのお金で生活します。日本人の中には株券を買ってお金を増やそうという人もいます。でも私は株券のことはよくわかりません。友達の中には、負債を抱えて日本へ来る人もいます。借金は大変です。でも充実した留学生活のためにはお金は重要です。お金はいつも余ることはありません。

得	え－る　　う－る　　トク

・収入を得る　　・利益を得る　　・信頼を得る　　・許可を得る
・あり得る話　　・あり得ない話　　・あり得ない事態
・あり得ない出来事　　・得をする　　・得な性格　　・納得する
・損得を考える　　・得意なスポーツ

株	かぶ

・株券を買う　　・株券を発行する　　・株式会社
・株でお金をもうける　　・木の切り株

増	ま－す　　ふ－える　　ふ－やす　　ゾウ

・借金が増す　　・借金が増える　　・貯金が増える　　・宿題が増える
・正社員を増やす　　・人口が増加する　　・売り上げが増加する
・売り上げが倍増する

債	サイ

・負債を抱える　　・負債が増える　　・債務　　・債権
・国債を発行する

抱	だーく　　かかーえる　　いだーく　　ホウ

・負債を抱える　　・花束を抱える　　・子どもを抱いた母親
・抱きしめる　　・疑問を抱く　　・不信を抱く

充	あーてる　　ジュウ

・ボーナスを生活費に充てる　　・充実した生活を送る　　・設備が充実している
・携帯電話の充電　　・疲れて目が充血する

余	あまーる　　あまーす　　ヨ

・在庫が余る　　・余ったお金は貯金する　　・今年も余すところ2日だ
・余分なものを買う
応用：余暇

■ STEP4 ┃ 会社で友達ができる ┃

　会社に新しいメンバーが一人加わりました。最初は少し緊張していましたが、私と同じ国の出身なので、すぐに友達になりました。土日を除いて毎日会社ですから、会社に溶けこむのも早かったです。仕事の後はとてもおなかが減ります。会社の裏においしいお店があるので、ときどきそこで一緒に夕飯を食べます。

加	くわ-える　　くわ-わる　　カ

- 新しいメンバーを加える　　・料理に塩を加える
- 会社に新しいメンバーが加わる　　・地域の活動に加わる／参加する
- プロジェクトのメンバーに加わる　　・人口が増加する　　・注文を追加する

緊	キン

- 緊急の用事がある　　・緊迫した状況　　・緊急事態が発生した

張	は-る　　チョウ

- テントを張る　　・蚊帳を張る　　・くもの巣が張る　　・気を張る
- 緊張する　　・自分の意見を主張する

除	のぞ-く　　ジョ　ジ

- 土日を除く毎日　　・彼を除いて全員が賛成した　　・不安を除く
- 不安を除去する　　・メールをさく除する　　・掃除

減	へ－る　　へ－らす　　ゲン

・お<ruby>腹<rt>なか</rt></ruby>が<ruby>減<rt>へ</rt></ruby>る　　・<ruby>子<rt>こ</rt></ruby>どもの<ruby>数<rt>かず</rt></ruby>が<ruby>減<rt>へ</rt></ruby>る　　・<ruby>体重<rt>たいじゅう</rt></ruby>を<ruby>減<rt>へ</rt></ruby>らす
・<ruby>負担<rt>ふたん</rt></ruby>を<ruby>減<rt>へ</rt></ruby>らす　　・<ruby>人口<rt>じんこう</rt></ruby>が<ruby>減少<rt>げんしょう</rt></ruby>する

裏	うら　　リ

・<ruby>紙<rt>かみ</rt></ruby>の<ruby>裏<rt>うら</rt></ruby>と<ruby>表<rt>おもて</rt></ruby>を<ruby>間違<rt>まちが</rt></ruby>える　　・<ruby>商店街<rt>しょうてんがい</rt></ruby>の<ruby>裏通<rt>うらどお</rt></ruby>り　　・<ruby>足<rt>あし</rt></ruby>の<ruby>裏<rt>うら</rt></ruby>が<ruby>痛<rt>いた</rt></ruby>い
・<ruby>家<rt>いえ</rt></ruby>の<ruby>裏口<rt>うらぐち</rt></ruby>から<ruby>入<rt>はい</rt></ruby>る　　・<ruby>表<rt>おもて</rt></ruby>と<ruby>裏<rt>うら</rt></ruby>がある<ruby>性格<rt>せいかく</rt></ruby>
・<ruby>用紙<rt>ようし</rt></ruby>の<ruby>裏面<rt>うらめん/りめん</rt></ruby>に<ruby>住所<rt>じゅうしょ</rt></ruby>と<ruby>名前<rt>なまえ</rt></ruby>を<ruby>書<rt>か</rt></ruby>いてください

■ STEP5 | 本をつくる会社で頑張る先輩 |

　私の先輩は、本を出版する会社でアルバイトをしています。子どもの時から文章を書くことが好きだったそうです。国の会社といろいろな連絡をとる役割です。編集の仕事をするのは難しいです。幅広い知識が必要です。責任感も大切です。今、先輩は頑張っています。

版	ハン

・本を出版する　　・初版本　　・絶版　　・永久保存版

章	ショウ

・文章を書く　　・第一章　　・序章　　・キャプテンの腕章

応用：勲章

編	あ-む　　ヘン

・セーターを編む　　・編み物　　・途中編入　　・ドラマの前編と後編

幅	はば　　フク

・この道路は幅が広い　　・テーブルの幅を測る　　・道幅
・幅広い知識を持つ　　・幅員減少　　・全幅の信頼を寄せる

責	せ-める　　セキ

・相手の失敗を責める　　・責任をとる　　・無責任な人
・無責任な行動　　・責任のある行動　　・職責　　・責務

第5章

第5章 確認問題

問題1 ＿＿＿＿＿の漢字の読み方を書きましょう。

①値段をよく比べて買うようにしている。 （　　　　　　）
②病院へ行かなくても市販の薬を買えるようになった。 （　　　　　　）
③クラスに慣れて、クラスメイトとの距離が縮まった。 （　　　　　　）
④週に一回、部屋を片付ける習慣がついた。 （　　　　　　）
⑤欲しかったゲーム機が半額で買えた。 （　　　　　　）
⑥学校でとても有益な話を聞いてうれしかった。 （　　　　　　）
⑦先生の話を聞いて、ようやく納得できた。 （　　　　　　）
⑧友人といっしょに株式会社を設立する。 （　　　　　　）
⑨この会社は設備が充実している。 （　　　　　　）
⑩裏に書かれている注意をよく読んでください。 （　　　　　　）

問題2 ＿＿＿＿＿のひらがなを漢字に直しましょう。また送り仮名もつけましょう。

①社員の負担をへらす方法を考える。 ［　　　　　　］
②診療時間は9時から18時まで（土日をのぞく）です。 ［　　　　　　］
③おいしいので料理をついかした。 ［　　　　　　］
④彼ははばひろい知識を持った人だ。 ［　　　　　　］
⑤子どものころからぶんしょうを書くことが好きだった。 ［　　　　　　］
⑥子どもの時、窓ガラスをわってしかられたことがある。 ［　　　　　　］
⑦将来、国のやくにたつ人になりたい。 ［　　　　　　］
⑧働きすぎて健康をそこねる結果になってしまった。 ［　　　　　　］
⑨国民は税金をおさめなければならない。 ［　　　　　　］
⑩さいふを忘れて家に戻った。 ［　　　　　　］

四字熟語

有言実行 (ゆうげんじっこう) って？

意味 自分が言葉でやると言ったことを、実際に実行すること。

「**不言実行**」を応用して作られた言葉。「**有言**」は口に出して言うこと。

ことばにすること。「**実行**」は実際に行うこと。

例 A君は、言ったことは必ず守る「**有言実行**」の人だ。

■STEP1┃俳句の面白さ

　俳句で有名な人物は、江戸時代の俳人、松尾芭蕉と小林一茶だそうです。五七五の十七音で詠まれる短い詩のような文です。季節を表す季語を入れるのがきまり（ルール）です。特に松尾芭蕉の場合、地方へ行くと作品を展示されたり、石碑に刻まれていたりすることが多いそうです。東京の展覧会などでも親しむ機会があると聞きました。俳句の最後の言葉が、動詞で終わったり、名詞で終わったりするのが面白いです。

俳	ハイ

・俳句　　・俳人　　・俳優

句	ク

・句を詠む　　・句読点　　・文句をつける　　・文句なし
・禁句　　・慣用句を考える

詩	シ

・詩を作る　　・詩を朗読する　　・詩人
・漢詩を読む　　・詩集

展	テン

・作品を展示する　　・絵画展　　・国が発展する　　・話の展開
・事件は意外な方向へ展開した　　・捜査が進展する

覧	ラン

- 展覧会を開く　　・回覧板を回す　　・資料を回覧する
- 一覧表　　・王様が絵をご覧になる　　・観覧車

詞	シ

- 名詞　　・動詞　　・形容詞　　・副詞　　・曲の歌詞を考える
- 英語の歌詞を覚える

第6章

■ STEP2 ┃ 江戸時代の文化が育てた歌舞伎 ┃
えどじだい　ぶんか　そだ　　かぶき

　江戸時代の文化が育てた**演劇**として有名なものが歌**舞**伎です。今でも寺の本**堂**などで地域の
えどじだい　ぶんか　そだ　えんげき　　　　ゆうめい　　　　　　　かぶき　　　　いま　てら　ほんどう　　　　　ちいき

人々に**演**じられているところがすごいです。服装は、普通の**布**などで作ります。同じ**宗教**を
ひとびと　えん　　　　　　　　　　　　　　　ふくそう　ふつう　ぬの　　　つく　　　おな　しゅうきょう

持った人たちが集まって行う場合もあるらしいです。**刀**を持った武**士**よりも庶民の力が育てた
も　　ひと　あつ　おこな　ばあい　　　　　　　　　かたな　も　　ぶし　　　　しょみん　ちから　そだ

文化だと聞きました。
ぶんか　き

演	エン

- 演技する　・演ずる　・演奏する　・演劇
えんぎ　　　　えん　　　　えんそう　　　えんげき

劇	ゲキ

- 劇場で演劇を見る　・人形劇　・時代劇　・悲劇
げきじょう　えんげき　み　　にんぎょうげき　じだいげき　ひげき

舞	まーう　　まい　　ブ

- 桜の花びらが風に舞う　・けがをした友人を見舞う
さくら　はな　　　　かぜ　ま　　　　　　　　ゆうじん　みま

- お見舞い　・歌舞伎　・舞台で踊る
みま　　　　かぶき　　　ぶたい　おど

踊	おどーる　　おどーり　　ヨウ

- ダンスを踊る　・盆踊り　・胸が踊る　・日本舞踊
おど　　　　　ぼんおど　　むね　おど　　にほんぶよう

堂	ドウ

- 寺の本堂　・寺のお堂　・食堂　・講堂で卒業式を行う
てら　ほんどう　てら　どう　　しょくどう　こうどう　そつぎょうしき　おこな

- 政治家は国会議事堂に集まる　・堂々とした態度
せいじか　こっかいぎじどう　あつ　　　どうどう　　　たいど

布	ぬの　フ

・布を使って服を作る　　・はさみで布を切る　　・毛布
・布団　・町でチラシを配布する　・薬を散布する

宗	シュウ　ソウ

・宗教を信仰する　　・宗派によって考えが違う　　・改宗する
・世界三大宗教
応用：茶道の宗家

刀	かたな　トウ

・腰に刀を差した武士　　・日本刀　　・単刀直入に聞く
単刀直入➡前おきなしに本題に入ること／遠まわしでなくすぐに本題に入ること。

士	シ

・鎌倉時代の武士　　・栄養士　　・税理士　　・建築士　　・介護士

■ STEP3 ┃ アニメ文化が注目されている ┃

　現代の日本の文化で、最近、特に注目されるのは、アニメ文化です。ファッションへの影響も大きく、アニメのキャラクター姿で観光する外国人さえいます。そして日本人の外国人への対応は意外に柔軟です。

注	そそ-ぐ　チュウ

・コップに水を注ぐ　　・研究に心血を注ぐ　　・注目する
・注意する　　・注視する　　・注射を打つ

影	かげ　エイ

・影が長くなる　　・影が薄い　　・人影の少ない商店街
・映画のさつ影に人が集まっている

響	ひび-く　キョウ

・鐘の音が響く　　・心に響く音楽　　・影響を受ける

姿	すがた　シ

・着物姿　　・浴衣姿　　・容姿が美しい

観	カン

・観光する　　・観光客　　・観客　　・植物を観察する
・天体を観測する　　・気象観測

柔	やわ-らか　　やわ-らかい　　ジュウ　　ニュウ

・柔らかなベッド　　・体が柔らかい　　・柔らかい布団
・柔道　　・柔和な性格　　・優柔不断

優柔不断➡気が弱く自分の考えをはっきり言えないこと。また、その様子。

軟	やわ-らか　　やわ-らかい　　ナン

・大根を軟らかく煮る　　・軟らかい餅　　・軟らかい文章
・柔軟に対応する　　・軟弱な態度　　・柔軟剤

■ STEP4 ▎伝統を守る日本人 ▎

　一方、日本人の中には頭の**固**い人々もいるらしいです。昔からの伝統を**純**粋に守っているのです。それは、大切なことでもあります。日本人が**快**適に生活できるのも伝**統**を大切に守ってきた結果かもしれません。伝**統**を守ろうという気持ちの**濃**い薄いは、年代によっても違うようです。

固	かた‐まる　　かた‐める　　かた‐い　　コ

- ・コンクリートが固まる　　・基礎を固める　　・頭が固い
- ・固体　　・柱を固定する　　・固定金利　　・頑固な性格

統	す‐べる　　トウ

- ・伝統を守る　　・天下統一　　・二つの町を統合する

応用：天下を統べる

純	ジュン

- ・純粋な心　　・純情な人　　・単純な問題　　・純金の腕輪

快	こころよ‐い　　カイ

- ・快い返事を受ける　　・仕事を快く引き受ける　　・快い海風
- ・快適な生活　　・快適な環境　　・快適に過ごす　　・快晴の天気

濃	こ‐い　　ノウ

- ・塩味が濃い　　・濃いピンク　　・内容が濃い　　・化粧が濃い
- ・濃厚な牛乳

薄	うす−める　　うす−まる　　うす−らぐ　　うす−れる　うす−い　　ハク

・ウイスキーを水で薄める　・香りが薄まる　　・寒さが薄らぐ
（みず）（うす）　　　　　　　（かお）（うす）　　　　（さむ）（うす）

・色が薄れる　　・記憶が薄れる　　・興味が薄れる　　・薄い紙
（いろ）（うす）　　（き おく）（うす）　　（きょうみ）（うす）　　（うす）（かみ）

・薄情な人　　・薄給で働く
（はくじょう）（ひと）　　（はっきゅう）（はたら）

第
6
章

■ STEP5 | 日本の宝として有名なもの |

　日本の宝として有名な建造物にお城があります。多くは武士の時代に建てられたものです。そして、城を中心に町がつくられ、城下町として栄え、今では大都市に発展しています。また、多くの財産を持った商人たちが、家財や商品を保管していた建物が蔵です。蔵は米などを保管する場合もありますが、金や小判、酒など財産を保管するためで、「蔵が建つ」の意味は蔵を建ててしまうほど財産ができるという意味です。昭和の戦争でも焼けずに残った蔵は、現在も様々に活用されているそうです。

宝	たから　　ホウ

- ・宝物　　・宝探し　　・子宝に恵まれる　　・宝くじ
- ・国宝　　・宝石　　・財宝　　・金銀財宝

応用：重宝する

城	しろ　　ジョウ

- ・城を築く　　・江戸城　　・大阪城　　・城下町
- ・城壁　　・城主

栄	さか−える　　は−える　　は−え　　エイ

- ・国が栄える　　・文明が栄える　　・子孫がはん栄する　　・栄えある優勝
- ・見事な出来栄えだ　　・栄養をとる　　・光栄に思う　　・過去の栄光

蔵	くら　ゾウ

・庭に蔵がある　　・米を貯蔵する　　・冷蔵庫　　・図書館の蔵書

昭	ショウ

・昭和の時代は長かった　　・明治・大正・昭和・平成・令和

第6章 確認問題

問題1 ＿＿＿の漢字の読み方を（　）に書きましょう。

①松尾芭蕉の有名な俳句を知っていますか。　（　　　　　）
②友達の絵の展覧会が開かれた。　（　　　　　）
③祖父は毎日時代劇を見るのを楽しみにしている。　（　　　　　）
④昨日、けがをした友人をお見舞いに行った。　（　　　　　）
⑤近くに新しい食堂が開店し、毎日にぎやかだ。　（　　　　　）
⑥母はいろいろな布を使って服を作るのが趣味だ。　（　　　　　）
⑦台風の影響で電車が止まっている。　（　　　　　）
⑧夏休み、植物を観察して日記を付けた。　（　　　　　）
⑨毎日柔らかい布団に寝られることは幸せだ。　（　　　　　）
⑩彼女の誕生日に宝石をプレゼントした。　（　　　　　）

問題2 ＿＿＿のひらがなを漢字に直しましょう。また、送り仮名も付けましょう。

①日本の大都市は、昔じょうかまちだった。　［　　　　　］
②健康のために、えいようのあるものをしっかり食べよう。　［　　　　　］
③祖父の家には、大きなくらがある。　［　　　　　］
④しょうわの時代には、大きな戦争があった。　［　　　　　］
⑤校歌のさくしを担当することになった。　［　　　　　］
⑥Aさんは、こころよく仕事を引き受けてくれた。　［　　　　　］
⑦最近二つの町がとうごうされて新しい町になった。　［　　　　　］
⑧たんじゅんな問題でミスをしてしまった。　［　　　　　］
⑨彼は何事もじゅうなんに対応できる人だ。　［　　　　　］
⑩Y博士は、ワクチンの研究に心血をそそいでいる。　［　　　　　］

単刀直入（たんとうちょくにゅう）って？

意味 ①ただ一振りの刀を持って単身、敵陣に切り込むこと。

②転じて、前おき予告なしにいきなり要点を言うことのたとえ。遠まわしに言わず、直接要点を言うこと。

例 「単刀直入に言わせてもらえば、つまり……ということです」

優柔不断（ゆうじゅうふだん）って？

意味 気が弱く自分の考えをはっきり言えないこと。またその様子。

「優柔」は気が弱くぐずぐずしていること。「不断」は自分の考えをはっきり言えない。決断できないこと。

例 彼の優柔不断な態度に相手の女性はいつも迷わされてしまう。

第6章

特別な読み方を復習しよう❷

◆正しい読み方はどっち？

①風が次第に強くなってきた。　　　　　　　a．しだいに　　b．じだいに

②災害の多い日本は、いろいろな工夫をしながら国土を守ってきた。

　　　　　　　　　　　　　　　　　　　　　a．こうふう　　b．くふう

③人工的な島の上に空港はできた。　a．にんこう　　b．じんこう

④休息をしっかりとると、午後の仕事がよく進む。

　　　　　　　　　　　　　　　　　　　　　a．きゅうけい　b．きゅうそく

⑤奨学金の申請には、以下の書類が必要です。　a．しんせい　　b．しんしょう

⑥今日は友達が来るので、ごちそうを作って歓迎する。

　　　　　　　　　　　　　　　　　　　　　a．かんこう　　b．かんげい

⑦うそはいけない。本当のことを正直に話そう。

　　　　　　　　　　　　　　　　　　　　　a．そうじき　　b．しょうじき

⑧友達と遅くまで飲みすぎて、終電を逃してしまった。

　　　　　　　　　　　　　　　　　　　　　a．にがして　　b．のがして

⑨このコピー機は、印刷濃度が調節できる。　a．のうど　　b．こうど

⑩このバスは、A駅経由のB駅行きです。　a．けえゆ　　b．けいゆ

[答え] ①a ②b ③b ④a ⑤a ⑥b ⑦b ⑧b ⑨a ⑩b

■ STEP1 ┃ サスペンスドラマが人気 ┃

　日本では、サスペンスドラマが人気です。例えば**毒殺**事件などが起こって、科学**捜査**で**犯人**を見つけていきます。**刑事**の配役も面白く、サスペンスのストーリーよりも、**刑事**役の俳優の人気で**視**聴率が高いドラマもあるそうです。

毒	ドク

・体中に毒が回る　　・毒きのこ　　・毒薬を飲む
・けがをしたので消毒をする　　・アルコール中毒　　・飲みすぎは体に毒だ

殺	ころ-す　　サツ　　サイ　　セツ

・人を殺す　　・息を殺して待つ　　・声を殺して泣く
・殺人事件　　・自殺　　・殺害　　・仕事に忙殺される
・電話が殺到する　　・貸し借りを相殺する　　・無益な殺生

捜	さが-す　　ソウ

・犯人を捜す　　・失くしたかぎを捜す　　・捜査に協力をする
・行方不明者の捜さく

犯	おか-す　　ハン

・ミスを犯す　　・規則を犯す　　・犯人を見つける　　・犯行におよぶ
・防犯カメラが各所にある　　・共犯者

刑	ケイ

・刑事 ・刑法 ・死刑 ・実刑判決が下される

視	シ

・視力検査 ・テレビの視聴率 ・視界が広がる
・視野を広げる ・視線を感じる

■ STEP2 │ 人間模様が展開されるドラマ │

　サスペンスドラマでは、いろいろな場面が展開されます。犯人が**逃**走し、捕えられそうになって起こる**暴**力シーン、比較的**恐**ろしい場面が多いが、一方で政治が関わり、不正を**暴**く政治ドラマもあります。さらに恋に**破**れ、**別離**があったりするなど様々な人間模様が展開されます。

逃　にーげる　　にーがす　　のがーす　　のがーれる　　トウ

- ・犯人が逃げる　　・逃げ足が速い　　・つった魚を逃がしてしまった
- ・チャンスを逃す　　・終電を逃す　　・危険から逃れる　　・逃走　　・逃亡

暴　あばーれる　　あばーく　　ボウ　　バク

- ・酔って暴れる　　・秘密を暴く　　・不正を暴く
- ・暴力を振るう　　・暴飲暴食　　・暴風雨で家が壊れる

恐　おそーれる　　おそーろしい　　キョウ

- ・地震を恐れる　　・死を恐れる　　・失敗を恐れる　　・戦争が恐ろしい
- ・恐ろしい事件　　・恐怖　　・恐妻家　　・恐れ入りますが…
- ・恐縮ですが…

破　やぶーれる　　やぶーる　　ハ

- ・かさが破れる　　・靴下が破れる　　・手紙を破って捨てた
- ・約束を破る　　・破壊　　・ビルを爆破する　　・橋を爆破する
- ・古い書類を破棄する　　・契約を破棄する　　・破産

別	わか－れる　　ベツ

・恋人と別れる　　・両親と別れて暮らす　　・ごみの分別
・差別　　・区別　　・昼夜の区別なく働く　　・夫婦別姓
・兄とは別の道を進む　　・別の銀行に口座を移す　　・特別な才能を持つ人

離	はな－れる　　はな－す　　リ

・故郷を離れる　　・船が岸から離れる　　・子どもから目を離す
・離婚　　・飛行機が離陸する　　・東西に分離したローマ帝国　　・政教分離
・別離

■ STEP3 ┃ コロナ禍で事件が続いている ┃

　コロナ禍で精神的に解放されない人が多いのか、道路上でいきなり殴ってきたとか、電車内で叫ぶ間もなく人が刺されたとか、その際もみな携帯電話に夢中で、状況に気が付かなかったとか、恥ずかしい事件が続いています。人を憎んだり、嫌ったりする気持ちをもっと減らしたいです。

精	セイ　　ショウ

- 健全な精神　　・強い精神を持つ　　・精密機械　　・少数精鋭
- 精一杯がんばる　　・精進する　　・精進料理

殴	なぐ-る　　オウ

- 棒で殴る　　・お兄ちゃんが私を殴った　　・殴打する
- 転んで顔面を殴打する

叫	さけ-ぶ　　キョウ

- 「助けて」と叫ぶ　　・怖くて泣き叫ぶ　　・叫び声をあげる
- 遊園地の絶叫マシンに乗る

刺	さ-さる　　さ-す　　シ

- とげが刺さる　　・虫に刺される　　・犯人に刺される
- 注射の針を刺す　　・大根に箸を刺す　　・刺激を求める
- 刺激の強い映画　　・名刺をもらう

際	きわ　　サイ

・「利用する際の注意を申し上げます」　・国際的に有名な歌手
・実際に起こったこと　　・交際費　・際限がない　　・壁際に立つ
・窓際に立って外を眺める

恥	は-じる　　は-じらう　　は-ずかしい　　はじ　　チ

・失敗を恥じる　　・手をつなぐのを恥じらう　　・人前で転んで恥ずかしい
・恥をかく　　・厚顔無恥　　・しゅう恥心

憎	にく-む　　にく-い　　にく-らしい　　にく-しみ　　ゾウ

・不正を憎む　　・犯人が憎い　　・憎らしいほどの才能だ
・憎しみを抱く　　・暴力を憎悪する　　・愛憎半ばする

嫌	きら-う　　いや　　ケン　　ゲン

・人混みを嫌う　　・負けず嫌いな性格　　・野菜が嫌いな子
・嫌な仕事　　・機嫌がいい　　・自己嫌悪

■ STEP4 | 犯罪が複雑になっている |

犯罪がより複雑になり、**容疑**者となる人物も低年齢化し、普通に生活している人々が事件に関わっている場合もあります。まるで**迷路**に入ったように人々は**迷**いながら生きています。

罪	つみ　ザイ

・罪を犯す　　・犯罪　　・過去の過ちを謝罪する
・罪悪感に苦しむ

容	ヨウ

・容器　　・この会場は収容人数が多い　　・本の内容を説明する
・パソコンの容量　　・容易に解ける問題　　・美容院

疑	うたがーう　ギ

・私が犯人だと疑われる　　・常識を疑う　　・疑問を持つ
・容疑者　　・質疑応答　　・半信半疑

件	ケン

・事件　　・用件を伝える　　・アルバイトの条件
・住みやすい物件を探す　　・交通事故の件数

迷	まよ－う　メイ

・道に迷う　　・判断に迷う　　・迷いがある　　・迷路に入り込む
・迷惑をかけない　　・成績が低迷する　　・迷信

■ STEP5 ┃ 世界的に安全な国という印象 ┃

　世界的に安全な国という**印象**が強い日本ですが、様々な問題を抱えています。**盗難**事件は監視カメラによりすぐに**捕**まりますが、**鋭**い**刃**物を持ち歩く中高生がいたり、宗教の**勧誘**で、人生を破めつさせられたという事件も最近のことです。

印	しるし　イン

・地図に印をつける　　・分かりやすいように目印をつける
・印鑑　・押印　・米印　・印刷

象	ショウ　ゾウ

・印象に残る風景　　・第一印象がいい　　・不思議な現象が起こる
・ハトは平和の象ちょうだ　　・気象情報　　・象は鼻が長い

盗	ぬす－む　トウ

・宝石を盗む　・他人の論文を盗む　・盗難届を出す　・盗作
・他人の作品を盗用する　　・盗聴器をしかける　　・人目を盗む

捕	つか－まる　つか－まえる　と－らわれる　と－る　と－らえる　ホ

・警察に捕まる　・犯人を捕まえる　・敵に捕らわれる
・ボールを捕る　・逃げる犯人を捕らえる　・若者の心を捕らえる
・犯人をたい捕する

鋭	するど－い　　エイ

・鋭いナイフ　　・鋭い質問　　・目つきが鋭い　　・鋭利な刃物

刃	は　　ジン

・刃が鋭い　　・かみそりの刃　　・刃物は危ない

応用：凶刃に倒れる

勧	すす－める　　カン

・入会を勧める　　・お茶を勧める　　・辞任を勧告される

誘	さそ－う　　ユウ

・デートに誘う　　・誘いを受ける　　・サークルに勧誘する
・子どもが誘かいされた　　・客を安全な場所へ誘導する

第7章 確認問題

問題1 ＿＿＿＿の漢字の読み方を書きましょう。

①今回の事件の死因は、毒殺によるものだった。 （　　　　　　）

②最近は、どこにでも防犯カメラが設置されている。 （　　　　　　）

③暗やみで知らない人に声をかけられ、走って逃げた。 （　　　　　　）

④失敗ばかり恐れていると、前に進めない。 （　　　　　　）

⑤すぐに約束を破る人は信用できません。 （　　　　　　）

⑥故郷を離れてから一年が経った。 （　　　　　　）

⑦人混みが嫌いなので、休日は家にいることが多い。 （　　　　　　）

⑧駅で迷って、待ち合わせの時間に遅れた。 （　　　　　　）

⑨友達に誘われてお酒を飲みに行った。 （　　　　　　）

⑩遊園地の絶叫マシーンに初めて乗った。 （　　　　　　）

問題2 ＿＿＿＿のひらがなを漢字に直しましょう。また、送り仮名も付けましょう。

①どんな理由があろうと、ぼうりょくは良くない。 ［　　　　　　］

②日本の生活で、まず大切なのはごみのぶんべつだ。 ［　　　　　　］

③人前で転んでしまいはずかしい思いをした。 ［　　　　　　］

④面接ではだいいちいんしょうが重要だ。 ［　　　　　　］

⑤サークルの加入を強くすすめられて困っている。 ［　　　　　　］

⑥キャッチャーはボールをとるのでほしゅという。 ［　　　　　　］

⑦試験に合格するためにせいいっぱいがんばっている。 ［　　　　　　］

⑧頂上まで登って、ようやく美しいしかいが広がった。 ［　　　　　　］

⑨突然の母の死に声をころして泣いた。 ［　　　　　　］

⑩路上で急にさされる事件が多い。 ［　　　　　　］

正々堂々って？

意味 態度や手段が正しくりっぱな様子。

①軍隊が整っていて大きい様子。

② ①の意味からまっすぐに取り組んで、真面目に行うこと。「**正々**」は整っている。

「**堂々**」は大きくりっぱな様子。

例 力士（相撲をとる人）の彼は自分より大きな体の相手とも**正々堂々**と戦い勝つことができた。

■ STEP1 ┃ 仲間と飲んで話すのは楽しい ┃

　駅周辺には、お店がたくさんあります。居酒屋もあります。ときどき仲間とお酒を飲みます。仲間とテーブルを囲んで話すのは楽しいです。同じ国どうしなのでお互いの悩みも話せます。国の言葉で話すときは我を忘れて夢中です。同じ国の人間どうし共に協力していきたいと思います。

周	まわーり　　シュウ

・池の周りを散歩する　　・世界一周旅行をしたい　　・一周2キロ
・駅周辺の居酒屋　　・周知の事実　　・用意周到

囲	かこーむ　　かこーう　　イ

・テーブルを囲んで食事する　　・日本は周りを海に囲まれている
・周囲　　・木の周りをフェンスで囲う　　・テストの出題範囲
・敵に包囲される

互	たがーい　　ゴ

・互いに助け合う　　・お互い様　　・交互に発言する
・相互の理解を深める　　・互角の戦い　　・互角の勝負

我	われ　　わガ

・我々　　・我が国　　・我を忘れる　　・我関せず　　・自我が芽生える
・我が強い　　・我まんする　　・我を通す

夢	ゆめ　ム

・夢を見る　　・夢を抱く　　・夢がかなう　　・夢中で読書する
・初夢

共	とも　キョウ

・共に生きる　　・私も兄も共に健康だ　　・苦楽を共にする
・二人共合格した　　・共働き　　・共同で経営する
・彼の考えに共感する　　・公共施設

協	キョウ

・リーダーに協力する　　・協賛　　・農業協同組合
・生活協同組合　　・産学協同　　・協定を結ぶ　　・協議する

■ STEP2 │ 助け合って生活しよう │

皆が集まって、一緒に出かけるときは「仲間と話すこと」が励みになります。国の話は特に楽しいです。そして今日本に留学できたことに感謝します。留学できたのは一握りの選ばれた人たちです。僕も先輩も共に助け合って生活したいです。

皆	みな　カイ

- ・皆様　　・皆さん　　・皆が集まって相談する　　・皆が反対する
- ・今回の事故は皆、会社の責任です　　・皆勤賞をもらう　　・皆無

緒	お　ショ　チョ

- ・へその緒　　・一緒に行く　　・由緒あるお寺　　・内緒にする
- ・情緒豊かな城下町　　・情緒不安定

励	はげ－む　はげ－ます　レイ

- ・練習に励む　　・日々研究に励んでいる　　・仲間を励ます
- ・声援が励みになる　　・学問をしょう励する　　・留学をしょう励する

謝	あやま－る　シャ

- ・友達に謝る　　・感謝する　　・謝罪する　　・月謝を払う　　・新陳代謝

握	にぎ－る　アク

- ・手を握る　　・寿司を握る　　・ペンを握る　　・握手する
- ・状況を把握する　　・一握りの選ばれた人たち

僕　ボク

・君と僕　　・「僕のお名前は？」　　・下僕　　・国民の公僕

■ STEP3 | 会社での言葉づかい

　会社の仲間のことを同僚と言います。休けい時間には誰でも自由に話せます。冗談を言ったり、遊びに行く相談をしたりもします。しかし、上司の場合は気をつかいます。上司に対して尊敬して敬語をつかわなければならないのです。「○○と申します」とか「お願い申し上げます」「～から参りました」とか敬語はとても難しいです。

僚	リョウ

・同僚　　・官僚　　・閣僚

誰	だれ

・「あの人は誰だ」　　・誰かに名前を呼ばれた

冗	ジョウ

・冗談を言う　　・冗談じゃない　　・冗談ぬき　　・話が冗長に流れる
・冗長な論文

遊	あそ-ぶ　　ユウ

・子どもと遊ぶ　　・野球をして遊ぶ　　・「よく学びよく遊べ」
・夜遊び　　・遊覧船　　・遊園地　　・遊学

尊	とうと-ぶ　　たっと-ぶ　　とうと-い　　たっと-い　　ソン

・平和を尊ぶ（尊ぶ）　　・親を尊ぶ（尊ぶ）　　・人の命は尊い（尊い）
・プライバシーを尊重する　　・神仏を尊ぶ（尊ぶ）　　・自尊心

敬　うやま－う　ケイ

- 先祖を敬う　・目上の人を敬う　・尊敬する　・敬語
- 敬意を表す　・敬老の日　・敬具

申　もう－す　シン

- 「私は田中と申します」　・「お願い申し上げます」　・申し込む
- 申込書　・申請書　・確定申告

参　まい－る　サン

- 「中国から参りました」　・墓参り　・行事に参加する　・参加者
- 願書を持参する　・例を参考にする　・参考書　・資料を参照する

■ STEP4 ┃仕事でよく使われる敬語┃

敬語はまだあります。「こちらからお電話致します」とか「御住所」「御案内」「召し上がる」「拝見する」「承る」「伺う」「頂く」など、相手を敬うための言葉は多いです。特に就職した場合、アルバイトなどでも敬語はよく使われます。敬語を使わないと人間関係は守れないのでしょうか。（詳しくは文法で勉強しよう）

致　いた-す　チ

- 「こちらからお電話致します」　・意見が一致する
- オリンピックを招致する　・致命的なミス　・大学を誘致する
- 工場誘致

御　おん　ギョ　ゴ

- 御社　・ABC 株式会社御中　・御家族　・御住所　・御案内
- 「御礼申し上げます」　・機械を制御する

召　め-す　ショウ

- 召し上がる　・神に召される　・天に召される
- 和服をお召しになる　・召し使い　・国会を召集する

拝　おが-む　ハイ

- 手を合わせて仏を拝む　・初日の出を拝む　・「お手紙を拝見しました」
- 礼拝堂　・拝観料　・参拝客

| 承 | うけたまわーる　　ショウ |

・注文を承る　　・承知する　　・了承する　　・伝統をけい承する

| 伺 | うかがーう　　シ |

・ご意見を伺う　　・都合を伺う　　・「夕方お宅へお伺いします」
・進退伺い

応用：伺候

| 頂 | いただーく　　いただき　　チョウ |

・先生に本を頂く　　・お手紙を頂く　　・励ましのお言葉を頂く
・頂き物　　・山の頂　　・山頂　　・山の頂点に立つ
・人気の頂点にある歌手

第8章 確認問題

問題1　_____の漢字の読み方を書きましょう。

①一度世界一周旅行をしてみたい。　　　　　　　　　　（　　　　　）

②家族でテーブルを囲んで食事するのは楽しい。　　　　（　　　　　）

③留学生活では、互いに助け合うことが大切だ。　　　　（　　　　　）

④公共施設では、ルールを守って利用したい。　　　　　（　　　　　）

⑤コンサートが始まります。皆様ご着席ください。　　　（　　　　　）

⑥両親への感謝の気持ちを手紙で伝えた。　　　　　　　（　　　　　）

⑦伝統技術のけい承で、地域を活性化したい。　　　　　（　　　　　）

⑧どんな時も平和を尊ぶ気持ちを忘れないようにしたい。（　　　　　）

⑨留学生だが、時には地域の活動にも参加したい。　　　（　　　　　）

⑩ ○○博士は日々研究に励み、ついにノーベル賞を受賞した。（　　　　　）

問題2　_____のひらがなを漢字に直しましょう。また、送り仮名も付けましょう。

①山のちょうじょうから見る風景は最高だ。　　　　　　［　　　　　］

②夕方、社長のお宅にうかがい、大変ごちそうになった。［　　　　　］

③みんなで山に登り、初日の出をおがむ。　　　　　　　［　　　　　］

④初めまして、中村一郎ともうします。　　　　　　　　［　　　　　］

⑤今日、友達とゆうえんちに出かけるのでとても楽しみだ。［　　　　　］

⑥だれか知らない人に声をかけられ、走って逃げた。　　［　　　　　］

⑦子ども時代は幼なじみといっしょによく遊んだものだ。［　　　　　］

⑧仲間どうしきょうりょくすれば、きっとだいじょうぶだ。［　　　　　］

⑨ちめいてきなミスを犯し、会社を辞めることになった。［　　　　　］

⑩兄とは、留学生活で苦楽をともにしてきた。　　　　　［　　　　　］

四字熟語

付和雷同（ふ わ らい どう）って？

意味 一定の主義・主張（いってい しゅぎ しゅちょう）がなく、他人の意見や行動（たにん いけん こうどう）にすぐに従（したが）ってしまうこと。
「**付和**（ふ わ）」は他人（たにん）につき従（したが）うこと。「**雷同**（らいどう）」はよく考（かんが）えず、すぐに同調（どうちょう）すること。
「**雷**（らい）」はここでは雷（かみなり）のように速（はや）いの意味（い み）。

例 新人（しんじん）の頃（ころ）は、よくわからず上司（じょうし）の意見（いけん）に**付和雷同**（ふ わ らいどう）するしかなかった。

■ STEP1 ┃ 四季を楽しんでいる日本人 ┃

　日本には四季があります。季節によって気候も変化します。冬は特に気温が下がり空気が**乾燥**します。その後、暖かい春がやって来て、人々はほっとしますが、花粉症などで苦しむ人々もいます。次は暑い夏ですが、日本の場合、**湿度**が高いため今度は蒸し暑さに苦しみます。そしてようやく**涼**しい秋ですが、気候変動により、**雷**や台風などの**嵐**にも油断ができません。そんな日本ですが、人々は工夫しながら生活し、四季を楽しんでいます。

乾	かわ－く　　かわ－かす　　カン

- 空気が乾いている　　・洗濯物を乾かす　　・乾期　　・ビールで乾杯する
- 乾電池　　・乾物は保存に便利だ

燥	ソウ

- 空気が乾燥する　　・部屋が乾燥する　　・乾燥機で洗濯物を乾かす
- 冬は乾燥注意報が出る　　・乾燥剤

湿	し－める　　し－めす　　しめ－らす　　シツ

- 湿った空気　　・ガーゼを湿らせて傷口をふく　　・湿度が高い
- 湿気が多い　　・除湿剤を部屋に置く　　・湿原を歩く

涼	すず－しい　　すず－む　　リョウ

- 涼しい風　　・木かげで涼む　　・涼風　　・清涼飲料水

雷	かみなり　ライ

　　かみなり　な　　　　　　　かみなり　お　　　　　　かみなりちゅう い ほう　　　　らい う　　　　らくらい
・雷が鳴る　　・雷が落ちる　　・雷注意報　　・雷雨　　・落雷
　らいめい　　　　　　　　　　　　　じらい
・雷鳴がとどろく　　　・地雷をふむ

嵐	あらし

　　あらし　く　　　　　　あらし　まえ　しず　　　　　はくしゅ　あらし
・嵐が来る　　・嵐の前の静けさ　　・拍手の嵐

■ STEP2 | 地理的状況から起きる災害 |

雷、嵐という言葉から思い浮かぶのは、災害です。特に怖いのは地震、津波。それは、日本の地理的な状況に関連しています。日本は島国だからです。これからも防災に力を入れ被害を未然に防ぐ努力が必要です。

浮   うーく　　うーかれる　　うーかぶ　　うーかべる　　フ

- 木は水に浮く　　・体が宙に浮く　　・浮かれて遊び歩く
- 川にごみが浮かぶ　　・太平洋に浮かぶ島　　・目に涙を浮かべる
- 首位に浮上する

災   わざわーい　　サイ

- 災いが起きる　　・口は災いの元　　・火災が起きた
- 災難に見舞われる　　・天災は忘れた頃にやってくる　　・人災

害   ガイ

- たばこは体に害がある　　・健康に害がある　　・災害にあう
- 損害を受ける　　・危害を加える　　・公害で苦しむ人々

震   ふるーえる　　ふるーう　　シン

- 寒さで震える　　・地震で窓ガラスが震える
- 足の震えが止まらない　　・地震　　・震度　　・震災
- 緊張で声が震える

津	つ　シン

・地震で津波が発生する　　・津波警報　　・彼の話に興味津々だ

波	なみ　ハ

・波が高い　　・景気の波に乗る　　・不況の波　　・人の波に押される
・音波　　・電波　　・寒波

防	ふせ-ぐ　ボウ

・災害を防ぐ　　・敵の攻撃を防ぐ　　・防寒具　　・消防署
・防災　　・事故の発生を防止する　　・防犯ベル　　・予防接種

被	こうむ-る　ヒ

・被害を被る　　・被害を受ける　　・被災者　　・被告　　・被服

努	つと-める　ド

・問題の解決に努める　　・サービスに努める　　・看護に努める
・努力する　　・努力が実る　　・彼女は努力家だ

STEP3 | 災害をもっと詳しく見ていく

　災害をもっと詳しく見ていくと、まず地震で家が**傾**く、さらに**壊**れます。そして、日本には過去に**噴**火した山もあります。日本一の山、富士山も同様です。地震で山が**崩**れたり、大雨で**洪**水が起きたり、主に木でできている建築物は燃えやすいです。空気が乾燥していると燃える**炎**も**激**しい。そんな災害に多くの知恵で**闘**っているのです。

傾	かたむ－く　　かたむ－ける　　ケイ

・地震で家が傾く　　・看板が斜めに傾いている　　・日が西に傾く
・耳を傾ける　　・円安の傾向がある　　・傾斜の大きい坂

応用：〜に傾倒する

壊	こわ－れる　　こわ－す　　カイ

・地震で家が壊れる　　・パソコンが壊れる　　・古い建物を壊す
・環境破壊　　・生態系を破壊する　　・ビルの全壊　　・家屋が倒壊する

噴	ふ－く　　フン

・エンジンが火を噴く　　・額から汗が噴き出す　　・火山が噴火する
・不満が噴出する　　・噴水がきれいだ

崩	くず－れる　　くず－す　　ホウ

・がけが崩れる　　・天気が崩れる　　・体調を崩す
・地震で建物が崩壊する　　・株価が崩落する　　・学級崩壊

洪	コウ

・洪水で家が流される　　・洪水警報　　・情報の洪水　　・車の洪水

炎	ほのお　　エン

・真っ赤な炎が上がる　　・ろうそくの炎　　・炎に包まれる
・タンカーが炎上する　　・インターネットの炎上　　・炎天下を歩く
・肺炎　　・炎症

激	はげ－しい　　ゲキ

・激しい雨　　・激しい競争　　・過激な思想　　・激動の時代を生きる
・刺激を与える　　・選手を激励する　　・映画を見て感激する

恵	めぐ－む　　ケイ　　エ

・恵まれた生活　　・困っている人にお金を恵む　　・自然の恩恵を受ける
・生活の知恵

■ STEP4 ｜ 天候の判断が大切 ｜

　日本は島国であるため、いろいろな海洋資源に頼った生活をしています。そんな時、天候の判断は重要です。風が強く吹き、海が荒れている場合には船は出せません。危険は避けなければなりません。急に海が荒れた場合の救援の仕組みも重要です。

源	みなもと　ゲン

- ・この川の源は山中湖だ　・インダス文明の源　・語源を調べる
- ・海洋資源　・天然資源　・この川の水源は琵琶湖だ　・震源地
- ・人類の起源

判	ハン

- ・判断する　・評判がいい　・裁判で勝利する　・書類に判を押す

断	ことわ－る　ダン

- ・誘いを断る　・油断する　・断熱材　・断水する　・横断する

吹	ふ－く　スイ

- ・そよ風が吹く　・口笛を吹く　・映画の吹き替え版　・吹奏楽

荒	あ－れる　あ－らす　あら－い　コウ

- ・海が荒れる　・天気が荒れる　・戦争で国土が荒れる　・肌荒れ
- ・どろぼうが部屋を荒らす　・波が荒い　・荒野　・荒天

避	さ-ける　　ヒ

・嵐を避ける　　・危険を避ける　　・人目を避ける

・ラッシュ時を避けて出勤する　　・安全な場所に避難する　　・避難所

・避暑地　　・責任を回避する

援	エン

・支援する　　・支援物資　　・被災地支援　　・チームを応援する

・応援団　　・援助する　　・声援を送る

■ STEP5 ▎復旧には多くの作業が必要 ▎

　残念ながら災害が起こったあとは、国や県、市などが中心となって復旧のための活動をすることになります。その際には、もちろん業者へ委ねるだけでなくボランティアの活動が大きな支援になります。土砂に埋もれた家の中から泥をかきだしたり、家具を運び出したり、時には川に沈んだ家財を探し出したりと、多くの作業を必要とします。

委	ゆだ-ねる　　イ

- 運営を委ねる　　・手続きを委任する　　・交渉を委任する
- 委員を選ぶ　　・教育委員会　　・国連の常任委員会

埋	う-める　　う-まる　　う-もれる　　マイ

- 宝物を埋める　　・電線を地中に埋める　　・土砂で池が埋まる
- 会場が観客で埋まる　　・席が埋まる　　・雪に埋もれた家
- 才能が埋もれている　　・埋蔵金　　・石油の埋蔵量

泥	どろ　　デイ

- 家の中の泥をかき出す　　・泥水　　・泥んこ遊び　　・家に泥棒が入る
- 酒を飲みすぎて泥酔する

沈	しず-む　　しず-める　　チン

- 水の底に沈む　　・夕日が沈む　　・湯船に体を沈める
- 沈んだ声　　・漁船が沈没する　　・沈痛な思い

第9章　「自然と災害」に関する漢字を覚えよう

第9章　確認問題

問題1　_____の漢字の読み方を書きましょう。

①夕日が西に沈む光景は、とてもきれいだ。　　　　　（　　　　　　　　）

②被災地支援のボランティア活動は重要だ。　　　　　（　　　　　　　　）

③最近はラッシュ時を避けて出勤している。　　　　　（　　　　　　　　）

④今日は午後から天気が荒れるらしい。　　　　　　　（　　　　　　　　）

⑤新しい家を買うため、契約書に判を押した。　　　　（　　　　　　　　）

⑥おばあちゃんの知恵は、生活にとても役立つ。　　　（　　　　　　　　）

⑦急な激しい雨で、帰宅するのが大変だった。　　　　（　　　　　　　　）

⑧火山の噴火で消えてしまったポンペイの町。　　　　（　　　　　　　　）

⑨連日の大雨で洪水の恐れがある。　　　　　　　　　（　　　　　　　　）

⑩地震により、津波が発生することが多い。　　　　　（　　　　　　　　）

問題2　_____のひらがなを漢字に直しましょう。また送り仮名もつけましょう。

①さいがいは、忘れたころにやってくる。　　　　　　［　　　　　　　　］

②あらしが近づくにつれて風が強くなってきた。　　　［　　　　　　　　］

③窓を開けると、すずしい風が入ってきた。　　　　　［　　　　　　　　］

④かみなり注意報が出たので、急いで大きな建物に入った。　［　　　　　　　　］

⑤日本の夏はしつどが高い。　　　　　　　　　　　　［　　　　　　　　］

⑥今日は空気がかわいていて、洗濯物がよくかわく。　［　　　　　　　　］

⑦彼女は目に涙をうかべている。　　　　　　　　　　［　　　　　　　　］

⑧台風は毎年やってくるので、そのひがいは大きい。　［　　　　　　　　］

⑨だんだん日が西にかたむき、その後、暗くなった。　［　　　　　　　　］

⑩がけの近くはくずれやすいので、離れた方が安全だ。　［　　　　　　　　］

四字熟語

興味津々 って？

意味　興味があとからあとから出てきて尽きない（終わらない）こと。

「興味」は、おもしろみ。関心。「津々」は多くてあふれるようす。

以上のことから「興味深々」と書くのはまちがい。

例　例文：彼女は、話を聞きながら**興味津々**という表情を見せた。

特別な読み方を復習しよう❸

◆正しい読み方はどっち？

①世界中が平等になるように願っている。　　a．へいとう　　b．びょうどう

②お金がないので、中古のパソコンでがまんする。　a．ちゅうふる　　b．ちゅうこ

③ときどき上り電車と下り電車を間違える。　a．のぼり　　b．あがり

④日本語を学ぶ時間はとても楽しい。　　a．まなぶ　　b．まねぶ

⑤この地図はパソコンを用いて作られた。　a．よういて　　b．もちいて

⑥これは 10 巻から成る有名な小説だ。　　a．できる　　b．なる

⑦このスープは味が薄いので美味しくなかった。　a．こい　　b．うすい

⑧彼は高齢になったので、社長を退いた。　a．ひいた　　b．しりぞいた

⑨日本語は国の先生に教わりました。　　a．おしわり　　b．おそわり

⑩自転車で坂を下るのは気持ちがいい。　a．おりる　　b．くだる

[答え　①b　②b　③a　④a　⑤b　⑥b　⑦b　⑧b　⑨b　⑩b]

■ STEP1 ┃ オンラインで学ぶ限界 ┃

　日本の義務教育は、6・3制で、小学校6年、中学校3年です。その後、高等学校卒業後は、就職する場合と、専門学校・大学などへ進学する場合があります。最近の教育はコロナ禍もあり、オンラインで講義を受けるケースが増えています。新しい方法を導入し、その場にいなくても一緒に学習できることはすばらしいことです。ただ反面、限界も指摘されています。理論中心で実際の体験が不十分だからです。その場で意見を述べ合ったり、一緒に活動したりしながら触れ合う面で制限があります。それでも修了証書は得られる。そして現実の体験は本人に委ねられることになります。

義	ギ

- 義務教育　・納税の義務　・義務を果たす　・正義の味方
- 意義　・義理の兄　・義足で走るパラリンピックの選手　・講義を聴く

専	もっぱ-ら　セン

- 休日は専ら庭の手入れをする　・専ら練習に励む
- 専門学校に進学する　・専門分野はITである　・専攻はドイツ文学だ
- 育児に専念する

講	コウ

- 大学講師　・講座を開く　・通信講座を受講する　・講習　・講和

導	みちび-く　ドウ

- 客を席に導く　・事業を成功に導く　・結論を導く
- 新型機器を導入する　・生徒指導　・非行少年を補導する　・盲導犬

限　かぎ－る　ゲン

・期限を十日に限る　　・子どもに限り入場無料　　・期間限定の特売品
・医者に飲酒を制限される　　・体力の限界に挑戦する　　・一時限目の授業

述　の－べる　ジュツ

・考えを述べる　　・礼を述べる　　・記述試験　　・　主語と述語

修　おさ－まる　おさ－める　シュウ　シュ

・学問を修める　　・身を修める　　・修了証書　　・　修学旅行
・必修科目　　・新人研修　　・車を修理する　　・修行に出る

STEP2 | 基本を身につける学習が重要

　学習において**基本**を身につけることは重要です。どんな立派な**博士**でも基本（基礎・「礎」）があるから想像が広がり、自分の世界を**極**めることができます。その**基本**を身につけるために親が**塾**へ通わせる場合もあります。塾で**規則**や**規律**を守るよりもっと自由にと考え、スポーツや音楽などに取り組ませる場合もあります。どちらにしても、子どもの**将来**を考えるからです。

基	もと−づく　　もと　　もとい　　キ

・事実に基づいた話　　・史実に基づいた小説
・調査結果を基に考察する　　・基本を身につける　　・基本的人権
・病院設立の基金を集める　　・国の基を築く

博	ハク　　バク

・博物館　　・博士号を取る　　・医学博士　　・博愛の心
・博学な人　　・賭博

極	きわ−める　　きわ−まる　　きわ−み　　キョク　　ゴク

・困難を極める　　・感極まる　　・ぜいたくの極み　　・北極
・積極的　　・極楽　　・究極の選択

塾	ジュク

・塾に通う　　・学習塾　　・進学塾　　・塾の講師　　・塾生

規	キ　ギ

・規格に合う　・規格外　・三角定規　・新規採用　・大規模な修理

則	ソク

・規則を守る　　・原則に反する　　・サッカーの反則プレー
・変則的なスケジュール

律	リツ　リチ

・自分を律する　　・自律神経　　・自律学習
・一律に10万円を給付する　　・律儀な性格　　・律儀な人

将	ショウ

・将来の夢　　・将来の目標　　・チームの主将になる　　・戦国武将

STEP3 禁止事項が多い日本

　日本の**法**律が厳しいからかどうかわかりませんが、日本は世界一安全な国と言われています。**禁**止事項が多く、外国からの移民の入国**許**可も厳しいようです。**警**察**署**がしっかりしているから？　もともと人生の教**訓**を生かすことができる国民だから？　本当のことはわかりません。

法	ホウ

・法律　・法学部　・文法　・方法　・法務省　・法務大臣

禁	キン

・禁止事項　・駐車禁止　・飲酒を禁じる　・禁酒　・禁煙

許	ゆる-す　キョ

・入国を許す　・過ちを許す　・入学許可証　・外出を許可する
・多少のミスは許容する　・許容範囲をこえる

警	ケイ

・警察　・警備を強化する　・警告する　・大雨洪水警報

署	ショ

・消防署の署員　・警察署の署長　・税務署　・書類に署名する

訓　クン

・訓練　　・防災訓練　　・震災の教訓を伝える　　・我が家の家訓

・音読みと訓読み

■ STEP4 ┃ 豊かになってきた世の中 ┃

　日本の産業は、農業・漁業から工業へと進んできました。初めは貧しい暮らしからスタートし、工夫をしながら富を増やし豊かになってきました。日本は今、平等な世の中ですが、しかし、なかなか貧富の差はなくなりません。

産	うーまれる　うーむ　うぶ　サン

- ・子猫が4匹産まれた　・子どもを産む　・赤ちゃんが産声を上げる
- ・産業　・出産　・生産者　・不動産　・会社が倒産する

農	ノウ

- ・農業　・農家　・農民　・農村　・農薬　・大学の農学部

貧	まずーしい　ヒン

- ・暮らしが貧しい　・心が貧しい　・貧しい食卓
- ・貧ぼうな暮らし　・貧困

富	とーむ　とみ　フ

- ・四季の変化に富む　・経験に富む　・変化に富んだ人生
- ・富を増やす　・貧富　・富士山

豊	ゆたーか　ホウ

- ・豊かな資源　・才能豊かな人　・緑豊かな森　・豊作
- ・豊富な資源

等	ひと-しい　トウ

・<ruby>大<rt>おお</rt></ruby>きさが<ruby>等<rt>ひと</rt></ruby>しい　・<ruby>三人<rt>さんにん</rt></ruby>に<ruby>等<rt>ひと</rt></ruby>しく<ruby>分<rt>わ</rt></ruby>ける　・<ruby>利益<rt>りえき</rt></ruby>を<ruby>平等<rt>びょうどう</rt></ruby>に<ruby>分<rt>わ</rt></ruby>ける
・<ruby>男女平等<rt>だんじょびょうどう</rt></ruby>　・<ruby>同等<rt>どうとう</rt></ruby>　・<ruby>上等<rt>じょうとう</rt></ruby>な<ruby>品<rt>しな</rt></ruby>

差	さ-す　サ

・<ruby>贈<rt>おく</rt></ruby>り<ruby>物<rt>もの</rt></ruby>を<ruby>差<rt>さ</rt></ruby>し<ruby>上<rt>あ</rt></ruby>げる　・<ruby>差<rt>さ</rt></ruby>が<ruby>大<rt>おお</rt></ruby>きい　・<ruby>一点<rt>いってん</rt></ruby>の<ruby>差<rt>さ</rt></ruby>で<ruby>負<rt>ま</rt></ruby>ける
・<ruby>交差点<rt>こうさてん</rt></ruby>　・<ruby>差別<rt>さべつ</rt></ruby>する　・<ruby>人種差別<rt>じんしゅさべつ</rt></ruby>

第10章 確認問題

問題1 ＿＿＿の漢字の読み方を書きましょう。

①都市と農村では貧富の差が見られる。 （　　　　　　　）

②心豊かに過ごすため読書をしましょう。 （　　　　　　　）

③彼の努力が事業を成功に導いた。 （　　　　　　　）

④男女を問わず平等にチャレンジの機会を与える。 （　　　　　　　）

⑤震災の教訓を伝えるためにボランティアガイドをしている。 （　　　　　　　）

⑥医者に、しばらく禁酒するように言われた。 （　　　　　　　）

⑦コロナ禍で一律10万円給付することになった。 （　　　　　　　）

⑧サッカーは反則プレー2回で退場になる。 （　　　　　　　）

⑨夜は塾講師のアルバイトで忙しい。 （　　　　　　　）

⑩温泉に入ると極楽気分になる。 （　　　　　　　）

問題2 ＿＿＿のひらがなを漢字に直しましょう。また、送り仮名もつけましょう。

①今朝うまれたばかりの子犬がとても可愛いです。 ［　　　　　　　］

②アルバイトの書類にしょめいをして契約が決まった。 ［　　　　　　　］

③せんもん学校を卒業して、ITの会社に就職が決まった。 ［　　　　　　　］

④この先は、きょかしょうがないと入れません。 ［　　　　　　　］

⑤ほうがくぶに進み、弁護士になるのが私の夢です。 ［　　　　　　　］

⑥しょうらいの目標は、教師になることだ。 ［　　　　　　　］

⑦はくぶつかんで恐竜の化石を見て感動した。 ［　　　　　　　］

⑧この小説は史実にもとづいて書かれている。 ［　　　　　　　］

⑨年内にしゅうし論文を仕上げなければならない。 ［　　　　　　　］

⑩試験では、面接の他にきじゅつ試験もあるので大変だ。 ［　　　　　　　］

四字熟語

言語道断 (ごんごどうだん) って？

意味 言葉では言い表せないほどひどいこと。「**言語**」はことば。「**道断**」は言うにたえない、とんでもない。悪いことをした相手にきびしく注意する時に用いられることが多い。

「**言語**」は、普通は「げんご」と読むが、ここでは慣用的に「ごんご」と読む。

例 他人の物をだまって盗むなんて、**言語道断**だ。

■ STEP1 日本の住宅で特徴的なこと

　日本の住宅で特徴的なことは、和室があることです。和室の床は畳になっています。玄関から家に入る時は、靴を脱ぎます。一戸建ての家では、一軒ずつ門があり、小さくても庭がある家が多いようです。玄関を入ると廊下があったり、大きな窓があったりします。縁側といって日差しを浴びて温まる場所もあります。床には布団を敷いて寝ますが、最近はベッドで寝る家が多くなりました。また壁はほとんどが木です。

床	ゆか　とこ　ショウ

- 床　・床に座る　・モップで床をふく　・床につく
- 床屋で髪を切る　・床の間に花を飾る　・6時に起床する
- 祖母は病床にある

畳	たた-む　たたみ　ジョウ

- 布団を畳む　・傘を畳む　・店を畳む　・畳の部屋
- 六畳間　・石畳を歩く

玄	ゲン

- 玄関から家に入る　・玄米　・健康のため玄米食にする

軒	のき　ケン

- 家の軒下につばめがやってくる　　・軒先に花を飾る
- 不況で企業は軒並み倒産だ　　・道には土産物屋が軒を並べている
- 一軒　・数軒の家

廊　ロウ

・長い廊下　　・渡り廊下　　・画廊で個展を開く　　・寺院の回廊

敷　し－く　しき　フ

・布団を敷く　　・ピクニックに敷物を持参する　　・座敷
・敷金　　・鉄道を敷設する

壁　かべ　ヘキ

・壁に絵を飾る　　・壁紙　　・研究の壁にぶつかる
・壁に耳あり障子に目あり　　・古代の壁画　　・鉄壁の守り
・城壁に守られた城　　・船が岸壁を離れる

■ STEP2 昔の家と最近の家

昔は、**隣**の家どうしで調味料を借りたり貸したり、交流も近かったようです。家の前の道幅も狭く車も少なかったから、近所の子どもどうしでよく遊ぶことができました。家の**奥**には台所と裏口があり、「かくれんぼ」などの遊びもできました。車が増えて**渋**滞などという言葉を聞くようになったのは、つい最近のことです。別**荘**を持ち、夏になると出かけるという話も同じく、つい最近のことです。

隣	とな-る　　となり　　リン

- ・隣の家　　・隣の席に座る　　・隣の駅で降りる　　・席が隣り合う
- ・アパートの隣室　　・隣接する町村　　・近隣諸国

狭	せば-まる　　せば-める　　せま-い　　キョウ

- ・道幅が狭まる　　・相手との距離が狭まる　　・範囲を狭める
- ・狭い庭　　・世間は狭い　　・視野が狭い　　・狭苦しい部屋
- ・狭小な国土

奥	おく　　オウ

- ・奥の部屋　　・引き出しの奥を捜す　　・奥さん　　・奥様
- ・山奥に住む　　・心の奥底　　・奥歯　　・奥義を極める

渋	しぶ-る　　しぶ-い　　しぶ　　ジュウ

- ・返事を渋る　　・お金を出すのを渋る　　・渋いお茶　　・渋い顔をする
- ・渋い色のネクタイ　　・柿の渋　　・苦渋を味わう

滞	とどこお-る　　タイ

・仕事が<ruby>滞<rt>とどこお</rt></ruby>る　・支払いが<ruby>滞<rt>とどこお</rt></ruby>る　・<ruby>交通渋滞<rt>こうつうじゅうたい</rt></ruby>　・<ruby>会費<rt>かいひ</rt></ruby>を<ruby>滞納<rt>たいのう</rt></ruby>する
・アメリカに<ruby>滞在<rt>たいざい</rt></ruby>する　・<ruby>台風<rt>たいふう</rt></ruby>が<ruby>停滞<rt>ていたい</rt></ruby>する

荘	ソウ

・<ruby>週末<rt>しゅうまつ</rt></ruby>、<ruby>別荘<rt>べっそう</rt></ruby>に<ruby>行<rt>い</rt></ruby>く　・アパートの<ruby>名前<rt>なまえ</rt></ruby>は<ruby>日<rt>ひ</rt></ruby>の<ruby>出荘<rt>でそう</rt></ruby>だ　・<ruby>山荘<rt>さんそう</rt></ruby>に<ruby>住<rt>す</rt></ruby>む

■ STEP3 温かい気持ちを伝えよう

　メールを送れば連絡ができる今の時代、封書で手紙を送る機会は少なくなりました。それでも、たまに封筒に宛名を書いて送ることがあります。例えばお礼の品を箱に詰めて送る時、簡単なお礼の言葉を書いて封筒に入れただけで温かい気持ちが伝わります。お歳暮やお中元などでも同じです。また瓶詰めの品を送る際、割れないように紙で包むなど、ちょっとした心遣いが気持ちを温かくします。

封	フウ　ホウ

・封書で手紙を送る　・手紙の封を切る　・写真を同封する
・昨日封切りされた映画　・封建制度

筒	つつ　トウ

・卒業証書を筒に入れる　・竹の筒の花入れ　・声が筒抜けだ
・封筒に書類を入れる　・水筒を持ち歩く

宛	あ-てる

・宛先を書く　・宛名を書く　・母に宛てて手紙を書く

詰	つ-まる　つ-める　つ-む　キツ

・スケジュールが詰まっている　・風邪で鼻が詰まる　・箱に詰める
・かばんに荷物を詰め込む　・缶詰　・目が詰んだ布　・詰問する

歳	サイ　セイ

・<ruby>何歳<rt>なんさい</rt></ruby>ですか　・<ruby>今年<rt>ことし</rt></ruby>で<ruby>十五歳<rt>じゅうごさい</rt></ruby>になる　・<ruby>歳末<rt>さいまつ</rt></ruby>セール
・<ruby>歳月<rt>さいげつ</rt></ruby>が<ruby>過<rt>す</rt></ruby>ぎる　・お<ruby>歳暮<rt>せいぼ</rt></ruby>を<ruby>贈<rt>おく</rt></ruby>る

瓶	ビン

・<ruby>花瓶<rt>かびん</rt></ruby>　・ビール<ruby>瓶<rt>びん</rt></ruby>　・<ruby>瓶詰<rt>びんづめ</rt></ruby>のジャム　・ガラス<ruby>瓶<rt>びん</rt></ruby>　・<ruby>空<rt>あ</rt></ruby>き<ruby>瓶<rt>びん</rt></ruby>

■ STEP4 ┃ 料理の調味料はいろいろ

　日本人は、料理の調味料を入れる順番を「さしすせそ」で覚えています。「さ」は砂糖、「し」は塩、「す」は酢です。「せ」は醤油？……最後は忘れてしまいましたが、面白い覚え方であると同時に、それは理屈にあっているようです。最近は若い人の間で辛いものブームがあり、粒マスタードやコチュジャンなどの調味料も人気です。街へ出ると美味しいにおいがして来て、街の灯とともに浮かれた気分になります。

糖	トウ

- ・砂糖　・糖分をひかえる　・血糖値が下がる　・無糖のコーヒー

酢	す　サク

- ・酢は健康にいい　・甘酢　・甘酢漬け　・酢の物　・酢酸

辛	からーい　シン

- ・辛い料理　・辛口の酒　・辛い評価　・辛い採点
- ・香辛料　・もう少しの辛抱だ　・この店で十年間辛抱してきた

粒	つぶ　リュウ

- ・米粒　・大粒の雨　・雨粒　・粒あんのお菓子
- ・粒がそろう　・粒子が細かい　・遠くを走る車が豆粒ほどに見える

街	まち　ガイ　カイ

- ・街を歩く　・商店街　・市街地　・政治家の街頭演説
- ・街灯のない道

灯　　ひ　トウ

・窓に灯がともる　　・街の灯　　・暗くなって街灯がともる
・電灯　　・灯油　　・灯台　　・灯台下暗し　　・この寮は11時が消灯だ

第11章 確認問題

問題1　_____の漢字の読み方を書きましょう。

①この寮は、消灯時間が12時だ。　　　　　　　　　　　　（　　　　　　　）

②久しぶりに商店街で買い物をした。　　　　　　　　　　（　　　　　　　）

③部屋を飾りたいので、花瓶を買った。　　　　　　　　　（　　　　　　　）

④一度温泉旅館の畳の部屋に泊まりたい。　　　　　　　　（　　　　　　　）

⑤急に大粒の雨が降って来て、あわてて帰宅した。　　　　（　　　　　　　）

⑥夏は、週末別荘で過ごすことが多い。　　　　　　　　　（　　　　　　　）

⑦お歳暮を贈るため、近くのデパートに行った。　　　　　（　　　　　　　）

⑧ゴールデンウイークは、渋滞が多いので、平日出かけることにした。（　　　）

⑨敷物を持って、友達とピクニックに行く。　　　　　　　（　　　　　　　）

⑩家の軒下につばめの巣ができた。　　　　　　　　　　　（　　　　　　　）

問題2　_____のひらがなを漢字に直しましょう。また、送り仮名も付けましょう。

①からい料理が食べたくなり、韓国料理の店に行った。　　［　　　　　　　］

②おくばの治療のため歯医者に通うことにした。　　　　　［　　　　　　　］

③せまい庭だが、草花を見るのが楽しい。　　　　　　　　［　　　　　　　］

④ふうとうに住所と名前を書いて、手紙を出した。　　　　［　　　　　　　］

⑤今週もアルバイトの予定がつまっていて忙しい。　　　　［　　　　　　　］

⑥健康のため、となりの駅で降りて歩くことにした。　　　［　　　　　　　］

⑦就職したので、朝は6時にきしょうする。　　　　　　　［　　　　　　　］

⑧健康を考えて、食事はげんまい食に変えた。　　　　　　［　　　　　　　］

⑨ろうかを走ると危険です。　　　　　　　　　　　　　　［　　　　　　　］

⑩すのものはあまり好きではないが、祖母は健康にいいと勧める。　［　　　　］

四字熟語

羊頭狗肉（ようとうくにく）って？

意味 羊（ひつじ）の頭（あたま）を看板（かんばん）に出して、実際（じっさい）には犬（いぬ）の肉（にく）を売（う）る。外見（がいけん）と内容（ないよう）が違（ちが）うこと。見（み）せかけが立派（りっぱ）でも実質（じっしつ）がそれに伴（ともな）わないことのたとえ。「**羊頭**（ようとう）をかけて**狗肉**（くにく）を売（う）る」の省略（しょうりゃく）。「**狗肉**（くにく）」は犬（いぬ）の肉（にく）。

例 どうせ素人（しろうと）（ふつうの人（ひと））には、中身（なかみ）を見分（みわ）けるのは難（むずか）しい。「**羊頭狗肉**（ようとうくにく）」とまではいかないだろうが、輸入肉（ゆにゅうにく）を高級和牛（こうきゅうわぎゅう）にされても見逃（みのが）すかもしれない。（『朝日新聞（あさひしんぶん）』、「天声人語（てんせいじんご）」2002 年（ねん）1 月（がつ）26 日（にち）より）

■ STEP1 ┃ 働く人々に便利なアイテム ┃

　働く人々にとって、**携**帯電話は便利なアイテムです。まず連絡に**即**対応できる。**稼**業が忙しくても時間を上手に使うことができる。働く人には必**需**品です。ただその便利さに頼るだけでよいのか？　**枠**にはまった考え方をするのではなく、時にはおかしいなと思ったら現実を**拒**否する態度も必要です。自由に考え、制度の**刷**新をするくらいのやる気がほしいと思ったりします。

携	たずさ-える　　たずさ-わる　　ケイ

・土産を携えて訪問する　　・手を携える　　・プロジェクトに携わる
・政治に携わる　　・携帯電話　　・他の団体と連携して運動を進める

即	ソク

・計画を即実行する　　・質問に即答する　　・即席ラーメン
・即断即決　　・一触即発
一触即発➡ちょっとさわると爆発するような危険な状態

稼	かせ-ぐ　　カ

・働いてお金を稼ぐ　　・準備ができるまで司会者が時間を稼ぐ
・稼ぎが少ない　　・出稼ぎ　　・稼業に精を出す　　・大型設備が稼働する

需	ジュ

・生活必需品　　・需要に応じる　　・猛暑でエアコンの需要が高まる
・需要と供給

枠　わく

・窓の枠　　・重要な部分を枠で囲む　　・字が枠からはみ出る
・枠にはまらない考え

拒　こば-む　キョ

・要求を拒む　　・敵の侵入を拒む　　・登校拒否　　・拒絶反応

刷　す-る　サツ

・新聞を刷る　　・紙幣を刷る　　・ポスターを印刷する
・あいさつ状を印刷する　　・制度を刷新する　　・人事を刷新する
・論文の別刷り

■ STEP2 ┃ これからは柔軟な社会に

　日本の社会は縦社会といって、人間関係において役職や階級など上下の関係が重視されてきました。世の中を斜めに見る人は、はい除され、隅や端っこに行かされる。上の指示を堅く守り、硬い石のようにまっすぐ歩むことが良いと思われてきたようです。しかし、これからは、もっと柔軟に歩むことも求められています。

縦	たて　　ジュウ

・縦書き・横書き　　・縦に一列に並ぶ　　・縦社会
・日本列島縦断　　・縦横無尽
縦横無尽➡この上なく自由自在であること「……に活躍する」

斜	なな-め　　シャ

・斜め後ろの席　　・斜め向かいの家　　・世の中を斜めに見る
・新聞の斜め読み　　・斜線を引く　　・山の斜面　　・傾斜が急な坂

隅	すみ　　グウ

・部屋の隅　　・片隅　　・書類の隅をとじる　　・頭の隅で考える
・庭の一隅に花を植える　　・都会の一隅

端	はし　　は　　はた　　タン

・道の端を歩く　　・机を部屋の端に置く　　・端数を切り捨てる
・道端　　・道端に立っておしゃべりする　　・先端技術
・極端な言い方／意見

堅	かた-い　　ケン

・<ruby>堅<rt>かた</rt></ruby>い<ruby>材木<rt>ざいもく</rt></ruby>　　・<ruby>堅<rt>かた</rt></ruby>い<ruby>約束<rt>やくそく</rt></ruby>　　・<ruby>口<rt>くち</rt></ruby>が<ruby>堅<rt>かた</rt></ruby>い　　・<ruby>堅固<rt>けんご</rt></ruby>な<ruby>守<rt>まも</rt></ruby>り
・<ruby>堅実<rt>けんじつ</rt></ruby>な<ruby>生<rt>い</rt></ruby>き<ruby>方<rt>かた</rt></ruby>　　・「<ruby>堅苦<rt>かたぐる</rt></ruby>しいあいさつはやめよう」

硬	かた-い　　コウ

・<ruby>硬<rt>かた</rt></ruby>い<ruby>石<rt>いし</rt></ruby>　　・<ruby>硬<rt>かた</rt></ruby>い<ruby>文章<rt>ぶんしょう</rt></ruby>　　・<ruby>硬<rt>かた</rt></ruby>い<ruby>表現<rt>ひょうげん</rt></ruby>　　・<ruby>表情<rt>ひょうじょう</rt></ruby>が<ruby>硬<rt>かた</rt></ruby>い
・<ruby>百円硬貨<rt>ひゃくえんこうか</rt></ruby>　　・<ruby>強硬<rt>きょうこう</rt></ruby>な<ruby>態度<rt>たいど</rt></ruby>　　・<ruby>強硬<rt>きょうこう</rt></ruby>に<ruby>反対<rt>はんたい</rt></ruby>する

■ STEP3 ┃働く人たちの個性 ┃

　働く人たちには、いろいろな人がいます。**賢**く何でも**簡**単にできる人、**詳**しく調べてていねいに仕事をする人、反応が**鈍**いが頑張る人、いつも**勇**ましい人。それぞれ個性が違うが、みな努力しだいで**偉**大な仕事や、普通は考えられない**珍**しい仕事ができる人たちです。「みんな違ってみんないい」（詩人・金子みすゞの詩集より）です。

賢	かしこ-い　　ケン

・賢い人　　・賢い子ども　　・賢明な判断
・賢者　　・良妻賢母

簡	カン

・簡単な問題　　・手続きを簡省化する　　・簡易な包装
・書簡を送る

詳	くわ-しい　　ショウ

・詳しい説明　　・詳しく話す　　・詳細なメモ　　・事件の詳細
・年齢不詳

鈍	にぶ-る　　にぶ-い　　ドン

・頭の働きが鈍る　　・体の動きが鈍い　　・鈍い痛み
・鈍感な人

勇	いさ－む　　ユウ

- 勇んで試合に出る　　・勇ましい人　　・勇気がある人
- 勇かんな行動

偉	えら－い　　イ

- 会社の偉い人　　・偉い学者　　・偉人　　・偉大な業績
- 偉大な人物

珍	めずら－しい　　チン

- 珍しい食べ物　　・珍しく早起きする　　・珍品　　・珍味

■ STEP4 ┃ 自分らしいファッションで仕事を ┃

　働く人にとっては、ファッションも重要です。年々日差しが強くなる最近は、日**傘**が必需品。**帽**子もいいが、晴雨兼用の**傘**は、急な雨にも対応できます。カバンは**革**製がおしゃれだが重いのが難点。**靴**も**革**がいいが、軽い**装**いならウオーキングシューズでも十分です。ファッションも人柄が出ます。自分らしい服**装**で仕事を楽しみたいものです。

傘	かさ　サン

- ・傘をさす　　・傘立て　　・雨傘　　・日傘　　・折りたたみ傘
- ・晴雨兼用の傘　　・大企業の傘下に入る

帽	ボウ

- ・帽子をかぶる　　・麦わら帽子　　・彼の努力には脱帽する

革	かわ　カク

- ・革の財布　　・牛革　　・革製品　　・電車のつり革
- ・産業革命

靴	くつ　カ

- ・靴をはく　　・靴下　　・革靴　　・長靴　　・製靴業

装	よそお-う　ソウ　ショウ

- ・春の装いを楽しむ　　・客を装う　　・春の服装　　・和装
- ・冬山の装備　　・プレゼントを包装する　　・安全装置

柄　がら　え　ヘイ

・花柄のワンピース　・人柄　・家柄　・柄の悪い人
・傘の柄　・横柄な人　・横柄な口をきく　・包丁の柄

第12章 確認問題

問題1 _____の漢字の読み方を書きましょう。

①非常時に備え、チョコレートとあめを携帯している。　（　　　　　　　　）

②今年も台風がやって来て、日本列島を縦断した。　　　（　　　　　　　　）

③重要な部分を枠で囲み、分かりやすくした。　　　　　（　　　　　　　　）

④教室の隅に、誰かの消しゴムが落ちていた。　　　　　（　　　　　　　　）

⑤まだ、小中学校では登校拒否の生徒が減らない。　　　（　　　　　　　　）

⑥斜め向かいの家に、外国人が引っ越して来た。　　　　（　　　　　　　　）

⑦道端に何人も集まっておしゃべりをするのは困る。　　（　　　　　　　　）

⑧初めてのスピーチで、緊張して表情が硬くなってしまった。（　　　　　　）

⑨彼は、世界中で知られている偉大な芸術家だ。　　　　（　　　　　　　　）

⑩最近は、晴雨兼用の傘がどこでも売られている。　　　（　　　　　　　　）

問題2 _____のひらがなを漢字に直しましょう。また、送り仮名もつけましょう。

①彼は、計画をそく実行に移した。　　　　　　　　　　　　［　　　　　　　　］

②会議の前に、資料をいんさつしておく。　　　　　　　　　［　　　　　　　　］

③彼は留学費用をかせぐため、アルバイトを頑張っている。　［　　　　　　　　］

④暖かくなったので、今日は春のよそおいで出かけた。　　　［　　　　　　　　］

⑤猛暑でエアコンのじゅようが高まっている。　　　　　　　［　　　　　　　　］

⑥彼は子どもの頃からかしこい子と言われ、よくほめられていた。［　　　　　　］

⑦試験問題は、とてもかんたんだったのですぐできた。　　　［　　　　　　　　］

⑧事件のしょうさいについては、何もわかっていない。　　　［　　　　　　　　］

⑨日本に来て、めずらしい食べ物と言えば納豆だ。　　　　　［　　　　　　　　］

⑩今日はデートなので、はながらのワンピースを着て出かけた。［　　　　　　　］

四字熟語

一触即発（いっしょくそくはつ）って？

意味 ちょっと触（さわ）ると爆発（ばくはつ）するような危険（きけん）な状態（じょうたい）。

「**一触**（いっしょく）」は、軽（かる）く触（ふ）れること。「**即発**（そくはつ）」は、すぐに爆発（ばくはつ）すること。

例 国境（こっきょう）の両軍（りょうぐん）は、まさにこの時（とき）、**一触即発**（いっしょくそくはつ）の状態（じょうたい）にあった。

■ STEP1 ┃ 健康で働き続ける ┃

　働き続けるためには、健康でなければなりません。**喫煙**を続けていて大丈夫なのか？　栄養の取り過ぎで体に**脂肪**がつきすぎて、元気に動けるのか？　また、家族ができた場合、女性の**妊娠**・出産もあるでしょう。そんな時、夫婦**双**方の協力ができるのか。子どもの**誕**生はすばらしいことです。家族のためにも健康は不可欠です。

喫	キツ

・自由を満喫する　　・喫茶店　　・敗北を喫する

煙	けむ－る　　けむり　　けむ－い　　エン

・雨に煙る町　　・たばこの煙　　・たばこが煙い
・喫煙所　　・禁煙　　・煙突そうじ

脂	あぶら　　シ

・脂の多い肉　　・秋のサンマは脂がのってうまい　　・豚の脂
・脂汗を流して苦しむ　　・脂質の多い食品　　・油脂

肪	ボウ

・おなかに脂肪がつく　　・体脂肪率を測る　　・脂肪分の多い食品
・低脂肪牛乳　　・植物性脂肪

妊	ニン

・妊婦に席をゆずる　　・妊婦健診　　・不妊治療を受ける

娠	シン

・妊娠する　　・妊娠三か月で健診を受ける

双	ふた　　ソウ

・双子の兄弟　　・双子座　　・一卵性双生児
・国の将来は若者の双肩にかかっている　　・双方の言い分を聞く　　・双眼鏡

誕	タン

・誕生日を祝う　　・生誕100年　　・誕生パーティーを開く

■ STEP2 ┃ どうしたら健康を保てるか

元気でいるためには、肉を食べなければといって、脂の多い食品をとると動脈硬化症や心筋こうそくなどの病気を引き起こすらしい。**脈拍**も速くなると心配です。病院に入って**患者**となり、**看護**される立場にはあまりなりたくない。**眼**をしっかり開いて、時には**毒舌**もはきつつ、健康を保ちたいものです。

脈	ミャク

・脈をとる　・動脈　・静脈　・ヒマラヤ山脈
・文脈で語の意味がわかる　・あの人は人脈が豊富だ

拍	ハク　ヒョウ

・盛大な拍手　・脈拍を測る　・心拍数
・三拍子の曲　・拍車をかける

患	わずら-う　カン

・病気を患う　・入院患者　・急患が入る　・患部を冷やす

看	カン

・看病する　・看護師　・手厚く看護する　・店の看板
・看板を下ろす

眼	まなこ　め　ガン　ゲン

・眼を開いてしっかり見る　・眼科　・近眼で眼鏡をかける
・眼下に見える風景　・眼中にない

舌	した　ゼツ

・舌を出す　・二枚舌を使う　・猫舌なので熱いものは苦手だ
・毒舌

■ STEP3 介護の現場はどうか

介護の現場はどうなのでしょうか。高齢者が集まった場所ですから、特に身の回りの清潔には気を配らなければなりません。病原菌も広がりやすいでしょう。おう吐物から感染することも多い。洗剤で洗うだけでなく徹底した消毒が必要です。清潔・安全を大切にしながら高齢者たちが心豊かに暮らせるよう渇望します。

齢	レイ

・年齢をたずねる　・高齢者　・年齢制限　・樹齢百年の大木

潔	いさぎよ−い　ケツ

・潔くあきらめる　・身の回りを清潔にする　・簡潔で分かりやすい説明
・身の潔白を証明する　・トイレの後に手を洗わないのは不潔だ

菌	キン

・ばい菌　・細菌　・病原菌を発見する　・加熱して殺菌する
・除菌スプレー　・除菌効果がある　・無菌室

吐	は−く　ト

・息を吐く　・弱音を吐く　・本音を吐く
・吐血する　・おう吐する

剤	ザイ

・洗剤で洗う　・薬剤師　・解熱剤で熱を下げる
・下剤　・殺虫剤

渇	かわ-く　　カツ

・のどが渇く　　・雨が降らないため渇水状態になっている
・平和を渇望する

■ STEP4 ┃ 良い習慣はあっていい ┃

美容は働く人のモチベーションを上げる効果もあります。肌が荒れないよう化粧をし、髪も働きやすいように整える。脚力も動く人にとってはとても重要です。華やかに見えるほどの化粧が必要かどうかはわかりませんが、毎日、鏡に向かう習慣はあっていいです。

肌	はだ

- ・きれいな肌　・肌荒れ　・美肌　・肌着
- ・肌が合う　・肌で感じる

粧	ショウ

- ・化粧をする　・薄化粧　・厚化粧　・化粧品
- ・うっすらと雪化粧した街

髪	かみ　ハツ

- ・髪を洗う　・髪を切る　・髪の毛　・前髪
- ・髪型を変える　・金髪　・茶髪　・間一髪で助かった
- ・危機一髪で難から逃れる

脚	あし　キャク　キャ

- ・あのモデルは脚が長い　・テーブルの脚　・カメラの三脚
- ・脚光を浴びる　・あの老人は健脚だ　・ドラマの脚本を書く
- 応用：行脚➡遺跡を行脚する

| 華 | はな　カ　ケ |

・華やかな人　　・華のある人　　・独身時代が華だった
・華々しい活躍　　・華道　　・華美な服装　　・華厳の滝（栃木県日光市）

| 鏡 | かがみ　キョウ |

・鏡を見る　　・手鏡　　・鏡台　　・老眼鏡

第13章　確認問題

問題1　_____の漢字の読み方を書きましょう。

①あの老人は健脚で、どこへでも元気に出かける。　　　　（　　　　　）

②食中毒を防ぐため、まな板を除菌スプレーできれいにする。　（　　　　　）

③歳をとると、いつも老眼鏡が手放せない。　　　　　　　（　　　　　）

④病院で診察の後、薬剤師から薬を受け取る。　　　　　　（　　　　　）

⑤今日はデートなので、いつもより華やかな服装で出かける。　（　　　　　）

⑥彼のプレゼンテーションは、簡潔で分かりやすかった。　　（　　　　　）

⑦昨夜の雪で、街がうっすらと雪化粧した。　　　　　　　（　　　　　）

⑧彼は自分のまちがいを潔く認めた。　　　　　　　　　　（　　　　　）

⑨この島には、樹齢百年の大木がある。　　　　　　　　　（　　　　　）

⑩散歩の後は必ず脈拍を測るようにしている。　　　　　　（　　　　　）

問題2　_____のひらがなを漢字に直しましょう。また、送りがなもつけましょう。

①出かける前にかがみを見て身だしなみを整える。　　　　［　　　　　］

②今日の待ち合わせ場所は、学校近くのきっさてんだ。　　［　　　　　］

③緊張でのどがかわいている。　　　　　　　　　　　　　［　　　　　］

④にんしん五か月健診で、お腹の赤ちゃんは順調に育っている。　［　　　　　］

⑤がんかに見えるすばらしいけしきに感動した。　　　　　［　　　　　］

⑥彼らはふたごの兄弟なので、区別が難しい。　　　　　　［　　　　　］

⑦不況が続き、ついに店のかんばんを下ろすことになった。　［　　　　　］

⑧長くわずらっていた病気がようやく回復した。　　　　　［　　　　　］

⑨コンサートが終わると盛大なはくしゅが続いた。　　　　［　　　　　］

⑩ダイエットのため、毎日ていしぼう牛乳を飲む。　　　　［　　　　　］

四字熟語

縦横無尽（じゅう　おう　む　じん）って？

意味 この上なく自由自在（じゆうじざい）であること。

「縦横（じゅうおう）」は、縦（たて）と横（よこ）。転（てん）じて、思（おも）いのまま自由（じゆう）に行動（こうどう）すること。

「無尽（むじん）」は限（かぎ）りがないこと。

例 彼（かれ）はアメリカの大学（だいがく）に留学（りゅうがく）した。今（いま）では、すっかり大学（だいがく）の生活（せいかつ）に慣（な）れ、研究（けんきゅう）においても縦横無尽（じゅうおうむじん）の活躍（かつやく）ぶりである。

特別（とくべつ）な読（よ）み方（かた）を復習（ふくしゅう）しよう❹

◆正（ただ）しい読（よ）み方（かた）はどっち？

①先輩（せんぱい）の家（いえ）は広（ひろ）いが家賃（やちん）が高（たか）い。　　　　a．かちん　　b．やちん

②子（こ）どもの頃（ころ）、野原（のはら）で遊（あそ）ぶのが好（す）きだった。　　a．のはら　　b．やげん

③息子（むすこ）から便（たよ）りがないので心配（しんぱい）だ。　　　　a．べんり　　b．たより

④22世紀（せいき）には戦争（せんそう）がなくなってほしい。　　　　a．せいき　　b．せき

⑤幸（さいわ）いなことに明日（あした）は休日（きゅうじつ）だ。　　　　a．さいわい　　b．こうい

⑥家（いえ）や部屋（へや）を貸（か）している人（ひと）を大家（おおや）という　　a．おおか　　b．おおや

⑦ニュースを見（み）ると世（よ）の中（なか）の動（うご）きがわかる。　　　　a．よのなか　　b．せのなか

⑧五月（ごがつ）の半（なか）ばに、国（くに）の母（はは）が日本（にほん）に来（く）る。　　a．はんば　　b．なかば

⑨オーストリアのウイーンは音楽（おんがく）の都（みやこ）と言（い）われている。　　a．みやこ　　b．とし

⑩以前（いぜん）は、市場（いちば）でよく野菜（やさい）や魚（さかな）を買（か）った。　　a．しじょう　　b．いちば

[答（こた）え ①b ②a ③b ④a ⑤a ⑥b ⑦a ⑧b ⑨a ⑩b]

第13章「健康であるために」に関する漢字を覚えよう　163

■ STEP1 日本の代表的な花や木

　日本の代表的な花と言えば桜ですが、梅や菊なども有名です。梅は花を観賞するだけでなく、実もジュースやお酒、梅干しとして利用、愛されてきた植物です。菊も同じく、菊の花の展示会が開かれたり、食用としても利用されてきました。松や杉も昔から日本の風景には必ず描かれます。松の枝分かれする美しさや、杉のまっすぐ伸びる姿に「杉のようにまっすぐ成長したい」など人生にも重ねてきました。森林の多い日本は、枯れてからも建築の材料に活用しています。

桜	さくら　オウ

- 桜が満開だ　・桜ふぶき　・桜前線　・夜桜
- 桜餅　・桜桃

梅	うめ　バイ

- 梅の花が咲いている　・梅酒　・梅干し　・紅梅　・白梅
- 梅園　・梅雨前線　・いい塩梅だ

菊	きく

- 菊の花　・菊人形の展示会　・食用菊　・春菊
- 除虫菊　・野菊

松	まつ　ショウ

- 大きな松の木　・松ぼっくり　・門松
- 正月に松竹梅をかざる

杉	すぎ

<ruby>杉<rt>すぎ</rt></ruby>の<ruby>木<rt>き</rt></ruby>　・<ruby>屋久島<rt>やくしま</rt></ruby>の<ruby>縄文杉<rt>じょうもんすぎ</rt></ruby>　・<ruby>杉<rt>すぎ</rt></ruby>の<ruby>花粉<rt>かふん</rt></ruby>

枝	えだ　シ

・<ruby>木<rt>き</rt></ruby>の<ruby>枝<rt>えだ</rt></ruby>　・<ruby>枝分<rt>えだわ</rt></ruby>かれ　・<ruby>小枝<rt>こえだ</rt></ruby>　・<ruby>枝<rt>えだ</rt></ruby>を<ruby>折<rt>お</rt></ruby>る
・<ruby>枝豆<rt>えだまめ</rt></ruby>　・<ruby>枝葉末節<rt>しようまっせつ</rt></ruby>にこだわる

<ruby>枝葉末節<rt>しようまっせつ</rt></ruby>➡<ruby>木<rt>き</rt></ruby>の<ruby>主要<rt>しゅよう</rt></ruby>でない<ruby>部分<rt>ぶぶん</rt></ruby>。<ruby>物事<rt>ものごと</rt></ruby>の<ruby>主要<rt>しゅよう</rt></ruby>でないこと。
「<ruby>枝葉末節<rt>しようまっせつ</rt></ruby>にこだわる」➡<ruby>本質<rt>ほんしつ</rt></ruby>でないことを<ruby>気<rt>き</rt></ruby>にすること。

枯	かーれる　かーらす　コ

・<ruby>花<rt>はな</rt></ruby>が<ruby>枯<rt>か</rt></ruby>れる　・<ruby>植木<rt>うえき</rt></ruby>を<ruby>枯<rt>か</rt></ruby>らす　・<ruby>枯<rt>か</rt></ruby>れ<ruby>葉<rt>は</rt></ruby>が<ruby>落<rt>お</rt></ruby>ちる
・<ruby>木枯<rt>こが</rt></ruby>らしが<ruby>吹<rt>ふ</rt></ruby>く　・<ruby>資源<rt>しげん</rt></ruby>が<ruby>枯渇<rt>こかつ</rt></ruby>する　・<ruby>栄枯<rt>えいこ</rt></ruby>は<ruby>世<rt>よ</rt></ruby>の<ruby>常<rt>つね</rt></ruby>

■ STEP2 ┃ 様々な色を楽しもう ┃

美しいと言えば花ですが、花を飾ると香りや色まで楽しむことができます。色と言えば紅花で、花は初め黄色ですが、だんだん赤色に変わります。その赤、つまり紅色が古くから口紅などに使われてきました。さらに色と言えば秋の紺ぺきの空もきれいです。また紫色は上品なイメージがあります。白は綿の色。綿の花からはあまり想像できませんが、白くふわふわしていて美しい。……灰色は？ 何にでも合わせられる安心の色でしょうか。

美	うつく-しい　ビ

- 美しい花　・美しい自然　・美しい心　・美しく咲く花
- 美人　・美と健康を保つ　・美術　・美術館　・美容院

飾	かざ-る　ショク

- 玄関に花を飾る　・飾りをつける　・着飾る　・飾らない人柄がいい
- 装飾品　・店内を装飾する　・服飾デザイナー

香	かお-る　かお-り　か　コウ　キョウ

- 梅が香る　・バラの香り　・香水　・香辛料
- かとり線香　・香車（将棋の駒）

紅	べに　くれない　コウ　ク

- 紅花　・紅色　・口紅をつける　・夕日が空を紅にそめる
- お祝いに紅白の餅をいただく　・木々が紅葉する　・紅茶　・深紅のバラ

紺	コン

・紺のジャケット　・紺色の制服　・紺ぺきの空
・濃紺のスーツ

紫	むらさき　シ

・紫の着物　・紫色の花　・紫外線が強い

綿	わた　メン

・綿　・綿入れの半てん　・綿菓子　・綿のTシャツ
・綿花　・木綿　・木綿どうふ　・綿みつな調査
・綿みつに計画を立てる

灰	はい　カイ

・灰になる　・たばこの灰　・灰色の雲　・火山灰
・灰皿　・石灰岩　・石灰で白線を引く

■ STEP3 動植物との触れ合い方

鮮やかな青空の下、犬を散歩させる様子をよく見ます。ペットブームで、犬や猫を飼う人が多く、えさを与えたり、散歩をさせたりと忙しそうです。病気になったら治療費もかかるでしょう。一方で庭に鳥の巣を作ったり、野鳥観察をしたり、人々の動植物との触れ合い方は多彩です。

鮮	あざ-やか　セン

- 鮮やかな空　・記憶が鮮やかだ　・新鮮な野菜
- 鮮魚　・鮮度がいい　・生鮮食品　・鮮明に記憶している

猫	ねこ　ビョウ

- 猫を飼う　・猫の鳴き声　・猫舌　・猫背
- 猫の手も借りたい

飼	か-う　シ

- 犬を飼う　・飼い主　・牛を飼育する　・馬に飼料をやる

与	あた-える　ヨ

- 犬にえさを与える　・賞を与える　・チャンスを与える
- 自由を与える　・好印象を与える話し方　・給与
- 新薬を投与する　・事件に関与する

散	ち－る　　ち－らす　　ち－らかる　　ち－らかす　　サン

・桜が散る　　・紙ふぶきを散らす　　・部屋が散らかっている
・ゴミを散らかす　　・気が散って仕事ができない　　・物が散乱した部屋
・散歩する　　・解散する

巣	す　　ソウ

・鳥の巣　　・ハチの巣　　・古巣に戻る　　・病巣を切除する

彩	いろど－る　　サイ

・紅葉が山を彩る　　・花火が夜空を彩る　　・彩りが美しい料理
・色彩　　・多彩な趣味　　・水彩画

■ STEP4 ┃ 世界で欠かせない産業 ┃

牧畜は、世界で欠かせない産業です。牛や**羊**を**放牧**するためには、広い草原が必要で、**養豚**をする場合も町から離れた土地がなければなりません。都市化が進んでいる現在ですが、この産業は**絶**やすことができません。

牧	まき　ボク

・牧場の馬　・牧場で働く　・牧草地　・遊牧民族
・教会の牧師

畜	チク

・父は牧畜業を営む　・畜産業　・家畜の世話　・畜産農家
・畜産試験場

羊	ひつじ　ヨウ

・羊　・子羊　・羊飼いの仕事　・羊毛のセーター
・羊肉

放	はなーす　はなーつ　はなーれる　ほうーる　ホウ

・牛を放す　・小鳥をかごから放つ　・ホームランを放つ
・ボールを放る　・犬が首輪から放れる　・勉強を放って遊びに行く
・放り出す　・放送　・池の水を放流する　・窓を開放する
・放課後

豚	ぶた　　トン

・豚　　・豚肉を食べる　　・豚カツ　　・養豚場
・養豚農家

絶	た－える　　た－やす　　た－つ　　ゼツ

・連絡が絶える　　・人通りが絶える　　・笑い声が絶えない家庭
・種を絶やす　　・子孫を絶やす　　・消息を絶つ　　・命を絶つ
・友達と絶交する　　・絶望　　・絶対に成功させる　　・絶対反対だ
・絶大な信用

第14章 確認問題

問題1　＿＿＿の漢字の読み方を書きましょう。

①このプロジェクトは絶対に成功させたい。　　　　　　　　（　　　　　　）
②牛を草原に放す時間が、とても好きだ。　　　　　　　　　（　　　　　　）
③羊毛のセーターを着ると本当に温まる。　　　　　　　　　（　　　　　　）
④秋になり、紅葉が山を彩る季節だ。　　　　　　　　　　　（　　　　　　）
⑤土日は、公園を散歩するのが楽しみだ。　　　　　　　　　（　　　　　　）
⑥兄は会社を辞めて、牧畜業を始めた。　　　　　　　　　　（　　　　　　）
⑦毎年、家の軒先につばめが巣を作る。　　　　　　　　　　（　　　　　　）
⑧郷里から新鮮な野菜が届けられてうれしい。　　　　　　　（　　　　　　）
⑨北海道のラベンダー畑は、紫色のじゅうたんのようだ。　　（　　　　　　）
⑩失敗はできないので、綿みつに計画を立てる。　　　　　　（　　　　　　）

問題2　＿＿＿のひらがなを漢字に直しましょう。また、送り仮名もつけましょう。

①小学校の開校記念日にこうはくの餅をもらったのが思い出だ。　　［　　　　　　　］
②ぶたにくと鶏肉でどちらが好きですか。　　　　　　　　　　　　［　　　　　　　］
③両親が働いているので、ほうかごは児童クラブで過ごしている。　［　　　　　　　］
④公園は、ペットのかい主どうしのコミュニケーションの場だ。　　［　　　　　　　］
⑤北国では、冬ははいいろの空が続く。　　　　　　　　　　　　　［　　　　　　　］
⑥彼女からもらっためんのTシャツがお気に入りだ。　　　　　　　［　　　　　　　］
⑦犬にえさをあたえるのが、ぼくの仕事だ。　　　　　　　　　　　［　　　　　　　］
⑧庭の梅のかおりが、春の到来を知らせてくれる。　　　　　　　　［　　　　　　　］
⑨デートなので、姉はきかざって出かけた。　　　　　　　　　　　［　　　　　　　］
⑩忙しいので水やりを忘れ、また花をからしてしまった。　　　　　［　　　　　　　］

四字熟語

枝葉末節（しようまっせつ）って？

意味 樹木（じゅもく）の主要（しゅよう）ではない部分（ぶぶん）。物事（ものごと）の主要（しゅよう）でないところ、本質的（ほんしつてき）でない細（こま）かい事（こと）のたとえ。
「**枝葉**（しよう）」は枝（えだ）と葉（は）。「**末節**（まっせつ）」は木の先（さき）の方（ほう）にある節（ふし）。
全（すべ）て幹（みき）に対（たい）して主要（しゅよう）ではない部分（ぶぶん）。

例 今（いま）こそ**枝葉末節**（しようまっせつ）にこだわらず、本来（ほんらい）の話（はなし）に戻（もど）ろう。

■ STEP1 ｜ 地球の環境を大切に ｜

宇宙開発が進む一方で、地球の環境は悪化しています。気温はどんどん上昇し、それにともない、異常気象も起こっています。自然のエネルギーは、常に泉のようにわき出るわけではありません。いつか泡のように消え、残念な結果になるかもしれません。

宇	ウ

・宇宙　　・気宇壮大　　・眉宇をひきしめる

気宇壮大➡物事に対する心構えが大きく、立派なこと

眉宇をひきしめる➡気をひきしめる

宙	チュウ

・宇宙開発　　・宇宙飛行士　　・宇宙空間　　・宙返り

・ほこりが宙に舞う　　・からだが宙に浮く　　・資金難で計画が宙に浮く

環	カン

・環状道路　　・市内じゅん環バス　　・血液がじゅん環する

境	さかい　キョウ　ケイ

・東京都は四つの県と境を接する　　・県境　　・生死の境

・国境　　・環境破壊　　・隣国との境界　　・遠く離れた辺境の地

・逆境に強い人　　・寺の境内

昇	のぼーる　　ショウ

・日が昇る　　・気温が上昇する　　・課長に昇進する
・この会社は４月に昇給がある

泉	いずみ　　セン

・泉が湧く　　・温泉が湧き出る　　・温泉に入る　　・温泉旅館

泡	あわ　　ホウ

・ビールの泡　　・泡が立つ　　・石けんの泡　　・泡を吹く
・水泡　　・水泡に帰す　　・気泡
水泡に帰す➡努力したことが無駄になる

■ STEP2 ┃ 水との関わりが多い日本 ┃

　昔、人々は井戸で水をくみ、沢から水を引き、生活に利用してきました。島国日本は、滝や沼、浅瀬など水の自然に恵まれています。四季があり、冬になれば凍える寒さがあり、雪がとければ水は滴り、空気は浄化されます。水との関わりが多い日本です。

井	い　ショウ　セイ

・井戸　　・井戸水をくむ　　・天井が高い家　　・天井画
・市井の人

沢	さわ　タク

・沢の水　　・沢で遊ぶ　　・沢登り　　・磨いて光沢を出す
・ぜい沢な生活

滝	たき

・滝に打たれる　　・滝つぼ　　・ナイアガラの滝
・汗が滝のように流れる

沼	ぬま　ショウ

・沼地　　・泥沼にはまる　　・戦争が泥沼化する
・湖沼

瀬	せ

・浅瀬　　・早瀬を渡る　　・瀬戸内海　　・瀬戸物
・生きるか死ぬかの瀬戸際

凍	こお−る　　こご−える　　トウ

・湖が凍る　　・寒さで凍える　　・冷凍食品
・肉を解凍する　　・路面が凍結する

滴	しずく　　したた−る　　テキ

・雨の滴　　・汗が滴る　　・一滴の涙　　・一滴も残さず飲む
・水滴　　・点滴を打つ

浄	ジョウ

・浄水場　　・空気を浄化する　　・空気清浄機　　・胃を洗浄する
・社会を浄化する　　・政治を浄化する

■ STEP3 海を大切に思う人はまだ多い

　島国である日本は、海に囲まれています。入り組んだ**湾**には、港ができ、漁業の中心地になっています。入り**江**でつりをし、少し**沖**に出て漁をすることもできます。海水に流され**砂浜**は減少していますが、まだまだ海を大切に思う人々の**層**は厚いです。

湾	ワン

・東京湾　・湾内をめぐる観光船　・湾岸道路
・湾曲した海岸線

江	え　コウ

・入り江に船を泊める　・江戸時代　・　中国の長江

沖	おき　チュウ

・沖でつりをする　・沖に出る　・沖合漁業
・沖縄県　・沖積層

砂	すな　サ　シャ

・目に砂が入る　・砂嵐　・鳥取砂丘（鳥取県鳥取市の日本海海岸）
・砂糖　・土砂崩れ

浜	はま　ヒン

・砂浜　・浜辺で遊ぶ　・横浜市　・海浜公園
・京浜東北線

層　ソウ

・地層（ちそう）　・断層（だんそう）　・高層（こうそう）マンション　・階層（かいそう）

・選手（せんしゅ）の層（そう）が厚（あつ）い

■ STEP4 ┃資源の少ない国土 ┃

　日本の地質は様々です。**穴**を**掘**って温泉を見つけることもできるし、過去には**洞穴**を**掘**り進めて銀や**銅**などの**鉱**山を見つけたこともありました。山で**炭**を焼く人々もいました。資源の少ない日本ですが、その少ない国土から貴重な宝を見つけ出そうという営みがあります。

穴	あな　ケツ

・穴をあける　　・穴を埋める　　・針の穴　　・落とし穴
・人員に穴があく　　・墓穴を掘る

墓穴を掘る➡身を滅ぼす原因を自分から作ることの例え

掘	ほ－る　クツ

・井戸を掘る　　・トンネルを掘る　　・芋を掘る
・鉱物を採掘する

洞	ほら　ドウ

・洞穴を探検する　　・中が空洞になった老木　　・洞察力が鋭い
・洞くつ

銅	ドウ

・駅前に銅像が立っている　　・銅メダルをかく得する　　・銅貨
・青銅器

鉱	コウ

・鉱山で金を掘る　　・金鉱山　　・鉱物　　・鉱業
・鉄鉱石

炭	すみ　　タン

・炭火をおこす　　・炭火で肉を焼く　　・石炭　　・炭水化物
・炭さん飲料

第15章 確認問題

問題1　＿＿＿の漢字の読み方を書きましょう。

①炭水化物の取りすぎは体によくない。　　　　　　（　　　　　　）

②井戸水で手を洗った時の冷たさが忘れられない。　（　　　　　　）

③山登りの途中、大きな洞穴を見つけた。　　　　　（　　　　　　）

④湾内をめぐる観光船が人気だ。　　　　　　　　　（　　　　　　）

⑤船で沖に出て、のんびりつりをする。　　　　　　（　　　　　　）

⑥子どもが産まれたのを機に空気清浄機を購入した。（　　　　　　）

⑦泥沼にはまって、抜け出せなくなった。　　　　　（　　　　　　）

⑧最近、沢登りの楽しさを発見した。　　　　　　　（　　　　　　）

⑨地球温暖化で世界中の気温が上昇している。　　　（　　　　　　）

⑩環境破壊がさまざまな所で進んでいる。　　　　　（　　　　　　）

問題2　＿＿＿のひらがなを漢字に直しましょう。また、送り仮名もつけましょう。

①オリンピックで、どうメダルをかく得した。　　　［　　　　　　］

②老眼になって、針のあなに糸を通すのが大変だ。　［　　　　　　］

③こうそうマンションからの眺めは最高だ。　　　　［　　　　　　］

④友だちと、すなはまでスイカ割りをした。　　　　［　　　　　　］

⑤いりえにたくさんの船が泊められている。　　　　［　　　　　　］

⑥病気が悪化し、てんてきを打ってもらった。　　　［　　　　　　］

⑦忙しい生活にはれいとう食品が便利だ。　　　　　［　　　　　　］

⑧山でたきに打たれ、身を清めた。　　　　　　　　［　　　　　　］

⑨週末は、おんせんでのんびりすることにした。　　［　　　　　　］

⑩うちゅう飛行士になるのが、将来の夢だ。　　　　［　　　　　　］

四字熟語

大器晩成って?

意味 大きな器がそう簡単には完成しないように、すぐれた才能のある人は、たとえ若い頃には目立たなくても、年をとってから大成するということ。大人物は若いときは目立たず大成するのが遅いこと。

「大器」は、大きな器。転じて偉大な人物。「晩成」は、遅くできあがること。年をとってからできあがること。(『老子』から)

例 ○○ちゃんは、今はのんびりしているけど、大人になったらすごい人になるね。きっと「大器晩成」タイプだね。

■ STEP1 ｜ 人と人とのコミュニケーション ｜

　人と人とのコミュニケーションには、いろいろあります。新年会や忘年会などの**宴**会を**催**したときのコミュニケーション。そばに**寄**って、にぎやかに**騒**ぎ、酒を**酌**み交わすのが楽しいです。

宴	エン

・宴会を開く　　・宴会場　　・宴席を設ける
・結婚式のひろう宴

催	もよお-す　サイ

・送別の宴を催す　　・催し物　　・開催する　　・催促する
・催眠術

寄	よ-る　よ-せる　キ

・寒いので火のそばに寄る　　・寄り道して帰る　　・車を道の端に寄せる
・お年寄りに席をゆずる　　・寄付をする　　・寄宿舎に入る　　・寄港する

騒	さわ-ぐ　ソウ

・大声を上げて騒ぐ　　・騒がしい教室　　・騒ぎ声　　・外が騒々しい
・車の騒音　　・物騒な世の中

酌	く-む　　シャク

・酒を酌み交わす　　・気持ちを酌む　　・お酌をする
・晩酌をする

■ STEP2 ┃お酒は飲みすぎないように┃

世界中に居酒屋があるように、日本にもお酒が好きな人がいます。記憶がなくなるまで飲んで判断を誤ったり、限度を超えるまで飲んで体を壊したりします。宴会の時間を延長して飲むと、更にコミュニケーションは盛り上がり、徹底的に飲みたくなるのでしょうか。

憶	オク

- 記憶する　　・飲みすぎて記憶がない　　・記憶そう失
- 少年時代の記憶　　・憶測でものをいうな

誤	あやま-る　　ゴ

- ハンドル操作を誤る　　・判断を誤る　　・誤解を与える
- 正誤問題　　・誤算　　・誤診

超	こ-える　　こ-す　　チョウ

- 人口が一億人を超える　　・定員を超える　　・基準を超す
- 超過料金　　・超過勤務　　・超満員　　・超忙しい

延	の-びる　　の-ばす　　の-べる　　エン

- 会が予定時間より延びた　　・雨で遠足が翌日に延びる
- 出発を翌日に延ばす　　・延べ人数　　・延期する　　・延長する
- 遅延証明書　　・延滞料金

更	さら　　ふ–ける　　ふ–かす　　コウ

・更に仕事が増える　　・夜が更ける　　・夜更かしをする
・更衣室　　・予定を変更する　　・契約を更新する

徹	テツ

・徹底的に調べる　　・徹夜する　　・冷徹な人間　　・初志貫徹

初志貫徹➡最初の希望を最後まで貫き通す

■ STEP3 │ 小さな旅に出かけよう

電車に1時間ほど乗って、神社・仏閣をめぐる小さな旅に出かけます。小さな旅ですが、神社の本殿が、国宝に指定されていたり、昔の人々の努力の結晶である仏像に出会えたりします。道を行くお坊さんも尊い姿で、あたり全体が歴史の跡を想像させます。いつか祈りの気持ちになります。

殿　との　どの　デン　テン

- 殿様　　・総理大臣殿　　・宮殿　　・巨大な神殿
- 神社の本殿　　・皇太子殿下　　・御殿のような家に住む

像　ゾウ

- 仏像　　・美しい映像　　・未来の生活を想像する
- 銅像　　・石像

坊　ボウ　ボッ

- お坊さん　　・坊主頭　　・赤ん坊　　・寝坊する
- 坊ちゃん

跡　あと　セキ

- 犯人の跡を追う　　・靴の跡　　・戦争の傷跡　　・焼け跡
- 足跡　　・追跡　　・城跡（城跡）　　・名所旧跡をめぐる旅

祈　いの－る　キ

・神に祈る　　・無事を祈る　　・平和を祈念する
・合格祈願

だい　しょう　かくにんもんだい
第16章　確認問題

もんだい
問題1　＿＿＿＿の漢字の読み方を書きましょう。
かんじ　よ　かた　か

①合格祈願のため、有名な神社にお参りをした。　　　（　　　　　）
こうかく　きがん　ゆうめい　じんじゃ　まい

②事故で電車が遅れたので、遅延証明書をもらった。　（　　　　　）
じ こ　でんしゃ　おく　ちえんしょうめいしょ

③友だちと名所旧跡をめぐる旅に出かける。　　　　　（　　　　　）
とも　めいしょ　たび　で

④公園で催し物があり、たくさんの人が集まっている。（　　　　　）
こうえん　もよお もの　ひと　あつ

⑤外が騒々しいので見ると、ドラマの撮影だった。　　（　　　　　）
そと　そうぞう　み　さつえい

⑥科学の目覚ましい進歩で、未来の生活が想像できない。（　　　　　）
か がく　め ざ　しんぽ　みらい　せいかつ　そうぞう

⑦日々の努力が足りず、徹夜で勉強することになった。（　　　　　）
ひ び　どりょく　た　てつや　べんきょう

⑧ハンドル操作を誤ると、大きな事故につながる。　　（　　　　　）
そう さ　あやま　おお　じ こ

⑨夜更かしをして寝坊し、学校に遅刻する。　　　　　（　　　　　）
よ ふ　ねぼう　がっこう　ちこく

⑩夫は毎日、缶ビール一本で晩酌をする。　　　　　　（　　　　　）
おっと　まいにち　かん　いっぽん　ばんしゃく

もんだい
問題2　＿＿＿＿のひらがなを漢字に直しましょう。また、送り仮名もつけましょう。
かんじ　なお　おく　が な

①一泊どまりの予定をへんこうして、日帰り旅行にした。［　　　　　］
いっぱく　よてい　ひがえ　りょこう

②友だちの家にあかんぼうが産まれたので、お祝いに行った。［　　　　　］
とも　いえ　う　いわ　い

③今日はおとしよりに席をゆずり、いい気分だ。　　　　［　　　　　］
きょう　せき　きぶん

④近所のごてんのような家には、どんな人が住んでいるのだろう。［　　　　　］
きんじょ　いえ　ひと　す

⑤友達の結婚式のひろうえんで、彼女と知り合った。　　［　　　　　］
ともだち　けっこんしき　かのじょ　し　あ

⑥さらに仕事が増え、寝る時間もない。　　　　　　　　［　　　　　］
し ごと　ふ　ね　じ かん

⑦昨夜は友達と、きおくがないくらい飲みすぎた。　　　［　　　　　］
さくや　ともだち　の

⑧日本の人口は一億人をこえた。　　　　　　　　　　　［　　　　　］
に ほん　じんこう　いちおくにん

⑨ごかいされないように、分かりやすく説明しよう。　　［　　　　　］
わ　せつめい

⑩雨で遠足の日が翌日にのびた。　　　　　　　　　　　［　　　　　］
あめ　えんそく　ひ　よくじつ

四字熟語

初志貫徹（しょしかんてつ）って？

意味 最初（さいしょ）の希望（きぼう）を最後（さいご）まで貫（つらぬ）き通（とお）すこと。

「**初志**（しょし）」は、最初（さいしょ）に決めた志（こころざし）（希望（きぼう））。「**貫徹**（かんてつ）」は、貫（つらぬ）き通（とお）す。続（つづ）けること。

例 さまざまな困難（こんなん）があっても、彼（かれ）はそれに負（ま）けず**初志貫徹**（しょしかんてつ）。ついに目的（もくてき）を達成（たっせい）した。

■ STEP1 ┃ 国や地方自治体の仕組み ┃

　国の法令は、憲法に基づいていますが、市など地方自治体では、「条例」に基づいて政策や制度などが決められる場合があります。会議は地方議会の長が司会をして進められます。地方議会にも各政党の議員がいて、それぞれの住民によって選挙で選ばれています

令	レイ

・命令に従う　　・法令に基づく　　・指令を出す
・号令をかける

条	ジョウ

・アルバイトの条件　　・市の条例　　・条約を結ぶ
・か条書き

策	サク

・政策を立てる　　・対策を練る　　・方策を考える
・公園を散策する

制	セイ

・食事制限をする　　・交通規制　　・制度を改める
・酒とたばこを節制する　　・参加を強制する　　・制服

司	シ

・会議の司会をする　　・上司　　・図書館司書
・立法・司法・行政

党	トウ

・政党の党首　　・与党と野党　　・入党する　　・離党する　　・悪党

民	たみ　ミン

・民の意見を聞く　　・国民　　・住民票　　・民主主義
・民間企業　　・民話

挙	あ−がる　あ−げる　キョ

・ベストテンに名前が挙がる　　・手を挙げる　　・例を挙げて説明する
・結婚式を挙げる　　・挙式　　・選挙　　・挙手で賛否を決める

■ STEP2 | 戸籍でわかること |

　日本には、戸籍というものがあり、夫婦と未婚の子とで構成され、氏名、生年月日、性別、家族関係などが書かれています。これを見ると、祖先のこと、配偶者、誰が誰の孫かなど、親せき関係がわかってきます。そして、親せきどうし顔が似ていることに気づくと面白いです。

籍	セキ

・戸籍を調べる　・籍を入れる　・書籍　・国籍
・除籍　　・本籍地

氏	うじ　シ

・氏名を書く　　・氏は他人の姓名のあとにつける　　・田中、鈴木の両氏
・氏より育ち

祖	ソ

・祖先を大切にする　　・祖父母　　・先祖代々の墓
・元祖とんこつラーメン

偶	グウ

・偶然に見つける　　・偶然に出会う　　・偶発的な事故
・配偶者　　・偶数

孫	まご　ソン

・孫が生まれた　　・子孫を残す　　・孫の手

似　にーる　ジ

・親子は声が似ている　　・弟は兄と顔が似ている　　・似顔絵
・他人の空似　　・類似品　　・相似形

■ STEP3 | 知事や議員は住民によって選ばれる

　日本では、各都道府県に県庁（都庁・道庁・府庁）所在地があり、この庁を中心に政治が進められます。また、住民には投票で知事や議員を選ぶ権利があります。国には、大臣などがいて、いろいろ話し合いで決められます。完ぺきではないので議会で争うこともありますが、国民や住民の生活を考えながら、議論を行っています。

庁	チョウ

・県庁　　・東京都庁　　・北海道庁　　・大阪府庁
・県庁所在地

票	ヒョウ

・伝票を書く　　・選挙で投票する　　・住民票
・一票差で負ける

権	ケン　　ゴン

・権利と義務　　・権力を握る　　・十八歳から選挙権を持つ
・著作権　　・悪の権化

臣	シン　　ジン

・大名の家臣　　・法務大臣　　・財務大臣　　・外務大臣

完	カン

・遺跡を完全な形で保存する　　・実験は完全に失敗だった
・エアコン完備　　・病気が完治する

争　　あらそ-う　　ソウ

・権力を<ruby>争<rt>あらそ</rt></ruby>う　　・兄弟が遺産相続で<ruby>争<rt>あらそ</rt></ruby>う　　・<ruby>競争<rt>きょうそう</rt></ruby>　　・<ruby>戦争<rt>せんそう</rt></ruby>

■ STEP4 2022年に起きた事件について

　2022年、日本の元内閣総理大臣が銃弾に倒れるという事件がありました。多くの民衆が集まったとき、目的が同じであるからこそ自然に秩序が生まれます。しかしそこには批判する者も存在していたのです。

閣 カク

・内閣　　・閣議が開かれる　　・神社仏閣　　・金閣寺
・内閣総理大臣

銃 ジュウ

・銃をうつ　　・銃を構える　　・銃口を向ける　　・けん銃　　・銃後
・機関銃

弾 ひ-く　　はず-む　　たま　　ダン

・ギターを弾く　　・ボールが弾む　　・話が弾む
・銃に弾を込める　　・銃弾　　・弾力がある

倒 たお-れる　　たお-す　　トウ

・木が倒れる　　・敵のチームを倒す　　・面倒な手続き
・会社が倒産する

衆 シュウ　　シュ

・大衆　　・民衆　　・群衆を率いる　　・アメリカ合衆国
・衆議院　　・衆生界（仏語）＝人間界

秩	チツ

・<ruby>秩序<rt>ちつじょ</rt></ruby>を<ruby>守<rt>まも</rt></ruby>る　・<ruby>社会<rt>しゃかい</rt></ruby>の<ruby>秩序<rt>ちつじょ</rt></ruby>を<ruby>乱<rt>みだ</rt></ruby>す

序	ジョ

・<ruby>順序<rt>じゅんじょ</rt></ruby>を<ruby>守<rt>まも</rt></ruby>る　・<ruby>序列<rt>じょれつ</rt></ruby>をつける　・<ruby>年功序列<rt>ねんこうじょれつ</rt></ruby>
・<ruby>序文<rt>じょぶん</rt></ruby>を<ruby>書<rt>か</rt></ruby>く　・オペラの<ruby>序曲<rt>じょきょく</rt></ruby>

批	ヒ

・<ruby>批判<rt>ひはん</rt></ruby>する　・<ruby>批評<rt>ひひょう</rt></ruby>を<ruby>書<rt>か</rt></ruby>く　・<ruby>批評文<rt>ひひょうぶん</rt></ruby>　・<ruby>批評家<rt>ひひょうか</rt></ruby>

第17章　確認問題

問題1　＿＿＿＿の漢字の読み方を書きましょう。

①今度のアルバイトの条件は、日本語 N1 以上だ。　　（　　　　　　）

②試験が近づいたので、試験対策講座に通うことにした。　（　　　　　　）

③友人の結婚式の司会を頼まれた。　　（　　　　　　）

④最近の国会は、与党と野党の対立が激しい。　（　　　　）（　　　　　　）

⑤コロナ禍が収まり、ようやく結婚式を挙げることができた。（　　　　　　）

⑥コンビニで住民票の写しが受け取れるようになった。　（　　　　　　）

⑦十八歳から選挙権を持つようになり、高校生の意識が少し変わった。（　　　　　　）

⑧日本語学校では、国籍の違う人と友達になれる。　　（　　　　　　）

⑨病気を完治させるためには、薬に頼るだけでなく日々の努力も大切だ。（　　　　　　）

⑩政府のやり方に反対し、多くの民衆が立ち上がる。　（　　　　　　）

問題2　＿＿＿＿のひらがなを漢字に直しましょう。また、送り仮名もつけましょう。

①読みにくい漢字なので、よくしめいを間違えられる。　［　　　　　　］

②夏は毎年、せんぞ代々の墓をお参りする。　［　　　　　　］

③駅でぐうぜん、中学時代の友達に会った。　［　　　　　　］

④彼らは双子なのに、あまりにていない。　［　　　　　　］

⑤東京とちょうの展望台に上って、東京のけしきを見た。　［　　　　　　］

⑥先日の台風で、多くの木がたおれた。　［　　　　　　］

⑦法の整備によって、社会のちつじょが保たれている。　［　　　　　　］

⑧物価の値上がりで、政府に対するひはんが増している。　［　　　　　　］

⑨話がはずんで、深夜まで話し続けた。　［　　　　　　］

⑩21 世紀になっても、せんそうが終わらない国がある。　［　　　　　　］

四字熟語

一長一短って？
いっ ちょう いっ たん

意味 長所もあるが、短所もあること。
ちょうしょ　　　　たんしょ

例 何事にも**一長一短**がある。
なにごと　　　　いっちょういったん

どの道具もこの作業をするには**一長一短**があるものだ。
どうぐ　　　　　さぎょう　　　　　　　いっちょういったん

第17章

■ STEP1 | 20世紀から続く争い |

　20世紀は、争いの時代でした。……と過去のことにしたかったのですが、今また戦争が起きています。これから戦争に関する漢字を並べてみます。まずは、**軍隊**の軍、**兵隊**、**鉄砲**、**核**、**攻撃**、**爆弾**。どれも、平和とは正反対の言葉ですが、長い歴史の中で使われてきた言葉、漢字なのです。

軍	グン

・軍隊に入る　・軍を率いる　・軍備を縮小する
・軍人　・陸軍

兵	ヘイ　ヒョウ

・兵士　・兵役のある国　・徴兵制度
・海外に派兵する　・兵糧米

隊	タイ

・軍隊　・兵隊　・入隊する　・探検隊
・砂漠を旅する隊商たち

砲	ホウ

・鉄砲の伝来　・号砲と共にいっせいにスタートする
・寿司の鉄砲巻き

核	カク

- 組織の<ruby>中核<rt>ちゅうかく</rt></ruby>を<ruby>担<rt>にな</rt></ruby>う　・<ruby>事件<rt>じけん</rt></ruby>の<ruby>核心<rt>かくしん</rt></ruby>に<ruby>触<rt>ふ</rt></ruby>れる　・<ruby>非核三原則<rt>ひかくさんげんそく</rt></ruby>
- <ruby>核家族<rt>かくかぞく</rt></ruby>

攻	せ－める　　コウ

- <ruby>隣国<rt>りんごく</rt></ruby>を<ruby>攻<rt>せ</rt></ruby>める　・<ruby>敵<rt>てき</rt></ruby>を<ruby>攻略<rt>こうりゃく</rt></ruby>する　・<ruby>速攻<rt>そっこう</rt></ruby>で<ruby>点<rt>てん</rt></ruby>を<ruby>取<rt>と</rt></ruby>る
- <ruby>英文学<rt>えいぶんがく</rt></ruby>を<ruby>専攻<rt>せんこう</rt></ruby>する

撃	う－つ　　ゲキ

- <ruby>鉄砲<rt>てっぽう</rt></ruby>を<ruby>撃<rt>う</rt></ruby>つ　・<ruby>小<rt>ちい</rt></ruby>さな<ruby>標的<rt>ひょうてき</rt></ruby>を<ruby>撃<rt>う</rt></ruby>つ　・<ruby>敵<rt>てき</rt></ruby>を<ruby>攻撃<rt>こうげき</rt></ruby>する　・<ruby>台風<rt>たいふう</rt></ruby>が<ruby>直撃<rt>ちょくげき</rt></ruby>する
- <ruby>台風<rt>たいふう</rt></ruby>は<ruby>農作物<rt>のうさくぶつ</rt></ruby>に<ruby>打撃<rt>だげき</rt></ruby>を<ruby>与<rt>あた</rt></ruby>えた　・<ruby>交通事故<rt>こうつうじこ</rt></ruby>を<ruby>目撃<rt>もくげき</rt></ruby>する

爆	バク

- <ruby>爆竹<rt>ばくちく</rt></ruby>を<ruby>鳴<rt>な</rt></ruby>らして<ruby>祝<rt>いわ</rt></ruby>う　・<ruby>不満<rt>ふまん</rt></ruby>が<ruby>爆発<rt>ばくはつ</rt></ruby>する　・<ruby>軍事施設<rt>ぐんじしせつ</rt></ruby>を<ruby>爆撃<rt>ばくげき</rt></ruby>する
- <ruby>友人<rt>ゆうじん</rt></ruby>の<ruby>話<rt>はなし</rt></ruby>にみんな<ruby>爆笑<rt>ばくしょう</rt></ruby>した　・<ruby>岩<rt>いわ</rt></ruby>を<ruby>爆破<rt>ばくは</rt></ruby>する

■ STEP2 ｜ 争いに関する言葉・漢字 ｜

　次も争いに関する言葉・漢字が続きます。ミサイル発射の射、武力の武、敵、侵略の侵、脅迫、屈する、討つなどです。熟語の中には争いとは関係のない言葉もあります。

射　いーる　シャ

- 弓で矢を射る　　・的を射た質問　　・射撃の練習
- ミサイル発射　　・注射を打つ　　・光が反射する　　・ロケット発射

武　ブ　ム

- 武力を行使する　　・武器を調達する　　・武運を祈る
- 武士　　・文武両道　　・武者修行に出る

敵　かたき　テキ

- 敵を討つ　　・敵味方に分かれる　　・敵意を持つ
- 強敵　　・無敵　　・敵対する　　・油断大敵

油断大敵➡油断は失敗を招く元であるから、何よりもおそろしい敵である

侵　おかーす　シン

- 領土を侵す　　・自由を侵す　　・敵国に侵攻する
- 隣国に侵略する　　・権利を侵害する　　・不法に侵入する

脅　おびやーかす　おどーす（おどーかす）　キョウ

- 犯罪の増加が安全を脅かす　　・円安が生活を脅かす　　・刃物で脅す
- ナイフで脅かして金を要求する　　・刃物で脅迫される　　・脅迫電話

| 迫 | せまーる　　ハク |

・返済期限が迫る　　・台風が迫る　　・迫真の演技に感動する
・迫力のある絵画　　・少数民族を迫害する　　・気迫に圧倒される

| 屈 | クツ |

・敵の攻撃に屈する　　・権力に屈する　　・ひざの屈伸運動
・退屈な毎日　　・屈折した心理　　・偏屈な性格

| 討 | うーつ　　トウ |

・敵を討つ　　・追討　　・討論を行う　　・討議を重ねる
・問題点を検討する

■ STEP3 | 発言に耳を貸さない国もある

　戦いに勝つためには、**防衛**しなければなりません。国どうしが**同盟**して**領土**を守る場合もあります。一国が富を独**占**することは許されません。国際**裁**判所というものがありますが、その発言に耳を貸さない国もあるのです。世界で保**護**しようとしてもうまくいかない。天**罰**を待つしかないのでしょうか。

衛	エイ

・防衛力　・自衛隊　・大統領を護衛する　・マンションの守衛さん
・人工衛星　・食品衛生

盟	メイ

・同盟を結ぶ　・盟友に再会する　・国連の加盟
・国際サッカー連盟

領	リョウ

・領土を守る　・領海に侵入する　・大統領　・領収書
・専門領域

占	うらな-う　し-める　セン

・運勢を占う　・占い　・日本の未来を占う
・ベッドが部屋の大部分を占める　・過半数を占める　・富を独占する
・占領する

裁	さば－く　　た－つ　　サイ

・人を裁く　　・罪を裁く　　・布地を裁つ　　・裁ちばさみ
・裁判　　・独裁者　　・けんかを仲裁する　　・体裁を整える

護	ゴ

・プライバシーの保護　　・弁護士　　・救護室　　・介護問題
・看護師の仕事

罰	バツ　　バチ

・罰を受ける　　・罪と罰　　・法律で罰する　　・罰金
・罰が当たる

第18章 確認問題

問題1 _____の漢字の読み方を書きましょう。

①最近、隣国の船が領海に侵入するニュースをよく聞く。 （　　　　　　）

②日本は 1956 年に国際連合に加盟した。 （　　　　　　）

③マンションの守衛さんが、このビルの安全を守っている。 （　　　　　　）

④ひざの屈伸運動をしてから、ジョギングをする。 （　　　　　　）

⑤台風が迫っているので、庭の片づけをしなければならない。 （　　　　　　）

⑥安全を脅かすような犯罪が増えている。 （　　　　　　）

⑦何歳になっても注射はこわい。 （　　　　　　）

⑧この学校は、文武両道を目指す人が多い。 （　　　　　　）

⑨中国では、爆竹を鳴らして正月を祝うそうだ。 （　　　　　　）

⑩毎年台風直撃で、大きな被害を受ける地域がある。 （　　　　　　）

問題2 _____のひらがなの言葉を漢字に直しましょう。また、送り仮名もつけましょう。

①交通違反のばっきんは、高いので気をつけよう。 ［　　　　　　］

②高齢化により、かいご問題は年々深刻になっている。 ［　　　　　　］

③さいばん員になり、会社を休むことになった。 ［　　　　　　］

④不安になると、うらないに頼りたくなる。 ［　　　　　　］

⑤夏は湿気が多いので、食品えいせいには特に気をつけよう。 ［　　　　　　］

⑥難しい問題なので、よくけんとうしなければならない。 ［　　　　　　］

⑦彼はいつも的をいた質問をして授業をもりあげる。 ［　　　　　　］

⑧大学で中国文学をせんこうして、中国語を覚えた。 ［　　　　　　］

⑨日本では、かく家族や一人暮らしが増えている。 ［　　　　　　］

⑩へいえきのある国では、軍隊に入るのがあたりまえだ。 ［　　　　　　］

油断大敵って?

意味 油断は失敗をする元だから、何よりも恐ろしい敵である。

「**油断**」は、気をゆるめて注意を怠ること。ある王が家来に油の容器を持たせ、一滴でも中の油をこぼせば、罰として命を断つと言ったという。「**大敵**」は、強い敵。

例 何事にも、物事がうまく進んでいる時ほど**油断大敵**。慎重に行動するべきだ。

■ STEP1 ┃ 地名に使われている漢字①

　地名の漢字を見てみましょう。まずは東京の近くから。埼玉県、神奈川県、茨城県、栃木県、群馬県。そして、特急電車に乗って、山梨県。新幹線に乗れば、岐阜県にも行けますよ。

埼	さい

- ・埼玉県　　・埼京線　　・埼玉県は、東京都の北に位置している
- ・埼京線は、東京と埼玉を結んでいる電車

奈	ナ

- ・神奈川県　　・奈良県
- ・神奈川県には港町、横浜がある　　・県庁所在地は、横浜市
- ・奈良県は、大仏さまと、奈良公園の野生の鹿が有名

茨	いばら

- ・茨城県　　・茨の道
- ・茨城県の水戸市は納豆作りが盛ん
- ・茨の道とは、困難の多い道という意味。「茨の人生」

栃	とち

- ・栃木県　　・栃の実　　・栃餅
- ・栃木県の日光東照宮は、江戸幕府を開いた徳川家康を祭った神社だ
- ・栃の木の実は、せんべいや餅になる

群	む-れる　　む-れ　　むら-がる　　グン

・鳥が群れて飛んでいる　　・若者の群れ　　・アリが砂糖に群がる
・イナゴの大群　　・彼はいつも抜群の成績だ
・群馬県は、こんにゃく芋の生産が盛んだ

梨	なし

・梨は水分の多いフルーツだ　　・山梨県
・山梨県は、ぶどうの産地として知られている

岐	キ

・道が二つに分岐している　　・今が人生の分岐点だ　　・人生の岐路に立つ
・問題が多岐にわたる

阜	フ

・岐阜県　　・岐阜県は、合掌造りの家が有名で、多くの観光客が訪れる

■ STEP2 │ 地名に使われている漢字②│

さらに地名の漢字を見てみましょう。新幹線ではほかに大阪府、奈良県、岡山県にも行けます。愛媛県、宮崎県、鹿児島県には、飛行機で行くと便利です。でも今は、沖縄県以外はほとんど新幹線で行けるようになりました。

阪	さか　ハン

・大阪府　　・阪神タイガース　　・阪神高速
・テレビでも人気の「お笑い」は、大阪で特に盛んだ

岡	おか

・岡山県　　・静岡県　　・福岡県
・岡山県といえば昔話の「桃太郎」が有名だ
・静岡県は、古くからお茶のさいばいが盛んだ
・福岡県は、学問の神様「菅原道真」がなくなった土地だ

媛	ひめ　エン

・才媛　　・愛媛県　　・彼女は才媛のほまれが高い
・愛媛県は、一年を通して暖かく、みかん王国と言われている

崎	さき

・宮崎県　　・高崎市
・宮崎県は、マンゴーの産地として有名だ　　・高崎市は、群馬県にある

鹿	しか　　か

・鹿の角　　・鹿の群れ　　・鹿児島県
・鹿児島県のシンボルは桜島、活火山である　　・さつま芋の産地として有名だ

〈その他の地理に関係した漢字〉

丘	おか　　キュウ

・近くの丘に登る　　・砂丘が広がっている

丁	チョウ　　テイ

・新宿三丁目　　・包丁で野菜を切る　　・字を丁ねいに書く
・丁字路で右に曲がる　　・丁重にお礼をする

塚	つか

・塚　　・貝塚から古代人の食生活がわかる

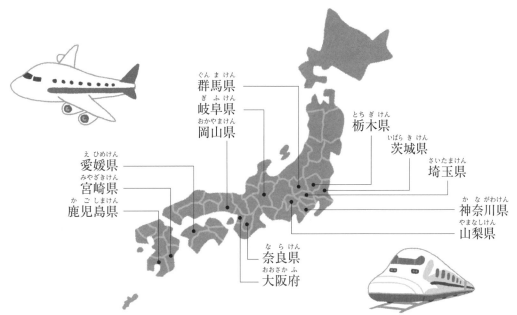

群馬県
岐阜県
岡山県
栃木県
茨城県
埼玉県
愛媛県
宮崎県
鹿児島県
神奈川県
山梨県
奈良県
大阪府

第19章 確認問題

問題1　＿＿＿＿の漢字の読み方を書きましょう。

①鹿児島県は、サツマイモの産地として有名だ。　　　（　　　　　）
②愛媛県には、日本最古の温泉がある。　　　　　　　（　　　　　）
③宮崎県のマンゴーには、特別な甘さがある。　　　　（　　　　　）
④道が二つに分岐していて、どちらに行くのかわからない。（　　　　　）
⑤車窓から羊の群れが見える。　　　　　　　　　　　（　　　　　）
⑥栃木県は、「とちおとめ」といういちごで有名だ。　（　　　　　）
⑦奈良は、京都と並んで千年の歴史がある古い街だ。　（　　　　　）
⑧埼京線は、東京と埼玉を結んでいる。　　　　　　　（　　　　　）
⑨Ａ君は、抜群の成績で高校を卒業したらしい。　　　（　　　　　）
⑩神奈川県には、港町横浜がある。　　　　　　　　　（　　　　　）

問題2　＿＿＿＿のひらがなを漢字に直しましょう。また、送り仮名もつけましょう。

①かいづかから、古代人の食生活がわかるなんておもしろい。　［　　　　　］
②おかの上にのぼると、町全体が見渡せる。　　　　　　　　　［　　　　　］
③奈良公園のしかの写真を撮った。　　　　　　　　　　　　　［　　　　　］
④字をていねいに書きなさいと、いつも言われた。　　　　　　［　　　　　］
⑤野球が大好きな父ははんしんタイガースのファンだ。　　　　［　　　　　］
⑥おかやまけんは、昔話の「ももたろう」で有名だ。　　　　　［　　　　　］
⑦おおさかは、昔から商業の町として栄えた。　　　　　　　　［　　　　　］
⑧やまなし県は、梨ではなくブドウの産地として有名だ。　　　［　　　　　］
⑨いばらの道とは、困難の多い人生という意味だ。　　　　　　［　　　　　］
⑩ありが砂糖にむらがるのを何度も見た。　　　　　　　　　　［　　　　　］

まとめテスト編

〔第1章〕～〔第18章〕

まとめテスト 第1〜2章

（1）次の文の下線をつけた言葉の読み方をa．b．cから選び、〇をつけましょう。

①皿に料理をきれいに盛りつける。

    a．もりつける   b．さかりつける   c．のりつける

②貴重品をフロントに預ける。

    a．よける   b．あずける   c．たすける

③勉強と仕事の両立は大変だ。

    a．りゃんりつ   b．ようりつ   c．りょうりつ

④台風で飛行機が欠航になった。

    a．けつこう   b．けっこう   c．けんこう

⑤海外から食料品を輸入している。

    a．ゆしゅつ   b．わにゅう   c．ゆにゅう

⑥電車に毎日乗るので定期券を買った。

    a．ていきけん   b．たいきけん   c．てんきけん

⑦宅配サービスはとても便利だ。

    a．たくはん   b．たくはい   c．てくはい

⑧電車の切符をなくしてしまった。

    a．きっぷ   b．きつふ   c．きっぶ

⑨ビルの清掃のアルバイトをしている。

    a．せいじ   b．そうじ   c．せいそう

⑩漁港には、たくさんの船が停泊している。

    a．りょうこう   b．ぎょこう   c．ぎょうこう

（2）次の文の下線をつけた言葉の漢字を a ． b ． c ．から選び、○をつけましょう。

①昨日、成田空港にとうちゃくしました。

　　a．当着　　　　　　　b．航着　　　　　　　c．到着

②友達におみやげをくばった。

　　a 送った　　　　　　b．配った　　　　　　c．渡った

③ざっしにのっていた洋服がほしい。

　　a．雑誌　　　　　　　b．日誌　　　　　　　c．雑紙

④恋人からゆびわをもらった。

　　a．旨輪　　　　　　　b．指輪　　　　　　　c．首輪

⑤やちんは、毎月払わなければならない。

　　a．屋賃　　　　　　　b．家賃　　　　　　　c．家代

⑥ふつうは、夜 10 時に寝る。

　　a．普通　　　　　　　b．付通　　　　　　　c．普到

⑦この会社では、新せいひんの開発をしている。

　　a．正品　　　　　　　b．清品　　　　　　　c．製品

⑧窓を開けてかんきすることは重要です。

　　a．替気　　　　　　　b．換気　　　　　　　c．換機

⑨今日は友達が来るので料理の腕をふるう。

　　a．振るう　　　　　　b．奮う　　　　　　　c．降るう

⑩アパートを借りるため、けいやくしょにサインした。

　　a．計約書　　　　　　b．契約書　　　　　　c．契約証

（3）第1～2章で学習した漢字を使って日記や作文を書きましょう。（200字くらい）

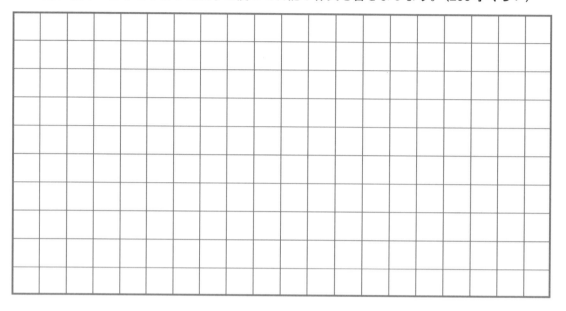

まとめテスト 第3〜4章

（1）次の文の下線をつけた言葉の読み方をa．b．cから選び、〇をつけましょう。

①アジア各国の首脳が集まり会議が開かれた。

　　a．しゅうのう　　　　b．しゅのう　　　　c．しゅろう

②背筋をしっかり伸ばして仕事をしよう。

　　a．せすじ　　　　　　b．せいすじ　　　　c．せいきん

③贈り物をいただいたので礼状を送った。

　　a．らいじょう　　　　b．れいじゅう　　　c．れいじょう

④交通事故で重傷を負ってしまった。

　　a．じゅうしょう　　　b．ちょうしょう　　c．じゅうそう

⑤仕事には休養が大切だ。

　　a．きょうよう　　　　b．きゅうよう　　　c．きゅうえい

⑥最近、晴雨兼用のかさが流行している。

　　a．せうけんよう　　　　b．せいうかんよう　　　c．せいうけんよう

⑦バッハの曲には荘厳な曲が多い。

　　a．そうげん　　　　　b．そうごん　　　　c．しょうげん

⑧欠勤が多く、会社を解雇されてしまった。

　　a．かいこ　　　　　　b．かいご　　　　　c．けいこ

⑨体の調子が悪いので、総合病院へ行った。

　　a．そうごう　　　　　b．しょうごう　　　c．そうごん

⑩不景気で物が売れず困っている。

　　a．ぶけいき　　　　　b．ふけいき　　　　c．ふうけいき

（２）次の文の下線をつけた言葉の漢字をａ．ｂ．ｃから選び〇をつけましょう。

①日本のぎむきょういくは９年間である。

ａ．議務教育　　　　　ｂ．義務教養　　　　　ｃ．義務教育

②季節に合わせて、店内をかいそうする。

ａ．回装　　　　　　　ｂ．改装　　　　　　　ｃ．改総

③夏休みの宿題はアサガオのかんさつ日記だ。

ａ．感察　　　　　　　ｂ．観札　　　　　　　ｃ．観察

④宗教にせんのうされる人は、今も少なくない。

ａ．洗脳　　　　　　　ｂ．洗能　　　　　　　ｃ．専脳

⑤日本の生活しゅうかんには、まだ慣れない。

ａ．習間　　　　　　　ｂ．習慣　　　　　　　ｃ．習貫

（３）次の文の（　　　　　）に体に関係する漢字を、下から選んで入れましょう。

①最近、携帯の見過ぎで（　　　）がこる。
②彼は短気なので、すぐ（　　　）を立てる。
③毎日作るので、料理の（　　　）が上がった。
④歩き疲れて、ベンチに（　　　）をおろす。
⑤このプロジェクトはとても（　　　）の折れる仕事だ。

胸	骨	腕	肩	腹	腰	背
むね	ほね	うで	かた	はら	こし	せ

（4）第3〜4章で学習した漢字を使って日記や作文を書きましょう。（200字くらい）

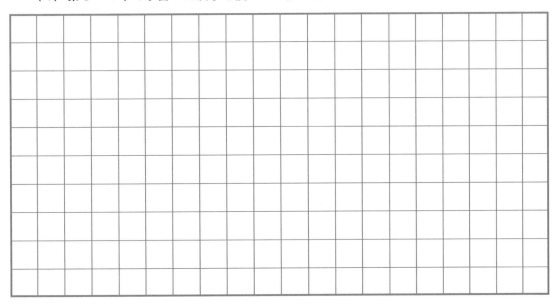

まとめテスト 第5〜6章

（1）次の文の下線をつけた漢字の読み方をa．b．cから選び〇をつけましょう。

①この映画は、配役がいいので見たいと思った。

a．はいえき　　　　b．はいやく　　　　c．ばいやく

②写真を拡大したら、よりすばらしい作品になった。

a．かくちょう　　　b．こうだい　　　　c．かくだい

③最近ネット販売で、損をする人が増えている。

a．はんばい　　　　b．はんうり　　　　c．へんばい

④クラスメイトとの距離が縮まって学校が楽しくなった。

a．きょうり　　　　b．きょり　　　　　c．こり

⑤日本語にはおもしろい慣用句がたくさんある。

a．かんゆうく　　　b．かんれんく　　　c．かんようく

⑥事件は意外な方向へ展開し、その後解決した。

a．てんこう　　　　b．てんかい　　　　c．てんかん

⑦同じ宗教でも宗派によって考え方が違うのが難しい。

a．しゅうは　　　　b．しゅうく　　　　c．そうは

⑧前に注目して、話をしっかり聞こう。

a．ちゅうめ　　　　b．ちょうもく　　　c．ちゅうもく

⑨日本文化には、中国など大陸の影響が大きい。

a．えいきゅう　　　b．えいきょう　　　c．えんきょう

⑩彼女は何事も柔軟に対応できる人だ。

a．にゅうなん　　　b．じゅうねん　　　c．じゅうなん

（2）次の文の下線をつけた言葉の漢字をａ．ｂ．ｃ．から選び、〇をつけましょう。

①暑いので、じどうはんばいきで水を買った。

　　ａ．自動反売器　　　　　ｂ．自動販売器　　　　　ｃ．自動販売機

②ねだんを比べて安い方を買うようにしている。

　　ａ．値段　　　　　　　　ｂ．根段　　　　　　　　ｃ．値団

③新しい部屋には、しゅうのうスペースがたくさんあって便利だ。

　　ａ．収能　　　　　　　　ｂ．収納　　　　　　　　ｃ．習能

④国債の発行によって、日本は多くのふさいを抱えている。

　　ａ．夫妻　　　　　　　　ｂ．不才　　　　　　　　ｃ．負債

⑤世界の人口はぞうかしているが、日本はその反対である。

　　ａ．蔵化　　　　　　　　ｂ．増化　　　　　　　　ｃ．増加

⑥ゴッホの絵のてんらんかいが開かれると聞いて、急いで出かけた。

　　ａ．展覧会　　　　　　　ｂ．展示会　　　　　　　ｃ．天覧会

⑦朗読する時は、くとうてんに気をつけて読もう。

　　ａ．句当典　　　　　　　ｂ．句読典　　　　　　　ｃ．句読点

⑧月に一回のえんげき鑑賞が楽しみだ。

　　ａ．宴劇　　　　　　　　ｂ．演劇　　　　　　　　ｃ．縁劇

⑨コロナ禍で、かんこうきゃくの数が減っている。

　　ａ．観光客　　　　　　　ｂ．勧行客　　　　　　　ｃ．勧光客

⑩昔からのでんとうを守って行くことはだんだん難しくなっている。

　ａ．伝投　　　　　　　　ｂ．電灯　　　　　　　　ｃ．伝統

（３）第５〜６章で学習した漢字を使って日記や作文を書きましょう。（200字くらい）

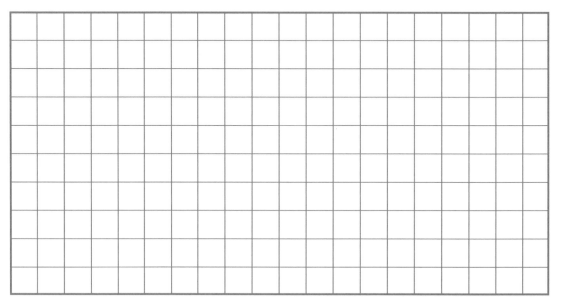

まとめテスト 第7〜8章

（1）次の文の下線をつけた言葉の読み方をa．b．c．から選び、〇をつけましょう。

①科学捜査で事件を解明していくドラマが面白い。

a．そうさ b．せいさ c．そうさく

②コロナ禍で、ホテルの予約のキャンセルが殺到している。

a．さっとう b．さつとう c．やくとう

③映画を見る機会が減り、テレビの視聴率が上がっている。

a．しちゅうりつ b．しちょうそつ c．しちょうりつ

④彼は何事にも積極的で強い精神を持っている。

a．せいじん b．せいしん c．しょうじん

⑤面接では、第一印象が大切だ。

a．いんしょう b．いんそう c．いんぞう

⑥火事が発生し、客を安全な場所へ誘導する。

a．ようどう b．ゆうどう c．ゆうとう

⑦皆様、重要なお知らせがあります。

a．みんな b．みんなさま c．みなさま

⑧お城の近くには、情緒豊かな城下町が広がっている。

a．じゅうちょ b．じゅうしょ c．じょうちょ

⑨これからも先祖を敬う気持ちを大切にしたい。

a．うまやう b．うややう c．うやまう

⑩Aは、今人気の頂点にある歌手だ。

a．ちゅうてん b．ちょうてん c．じょうてん

（2）次の文の下線をつけた言葉の漢字をａ．ｂ．ｃから選び〇をつけましょう。

①死因は、どくさつによるものと判明した。

   ａ 毒薬   ｂ．毒殺   ｃ．中毒

②日本では、ぼうはんカメラが各所にある。

   ａ．帽反   ｂ．防半   ｃ．防犯

③台風によるぼうふううで、家が何軒も壊れた。

   ａ．防風雨   ｂ．暴風宇   ｃ．暴風雨

④部屋を片付けるため、古い書類ははきすることにした。

   ａ．廃棄   ｂ．破棄   ｃ．破機

⑤昼夜のくべつなく働き、健康を損ねる。

   ａ．区別   ｂ．苦別   ｃ．区分

⑥虫にさされて体がかゆい。

   ａ．刺されて   ｂ．差されて   ｃ．指されて

⑦彼女はこくさいてきに有名な歌手だ。

   ａ．国祭的   ｂ．国際的   ｃ．交際的

⑧科学捜査により、ようやくようぎしゃが判明した。

   ａ．要疑者   ｂ．容義社   ｃ．容疑者

⑨今回のアルバイトのじょうけんはとても厳しい。

   ａ．条件   ｂ．状件   ｃ．常見

⑩サークルの入会を強くすすめられ困っている。

   ａ．勧められ   ｂ．進められ   ｃ．歓められ

（3）第7〜8章で学習した漢字を使って日記や作文を書きましょう。（200字くらい）

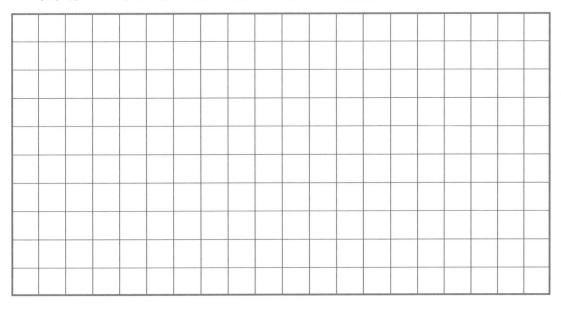

まとめテスト 第9〜10章

（1）次の文の下線をつけた言葉の読み方をa．b．c．から選び、〇をつけましょう。

①冬は乾燥していて、肌が荒れる。

    a．けんそう   b．かんそん   c．かんそう

②日本の夏は湿気が多く、食べ物がくさりやすい。

    a．しつけ   b．しっけ   c．しっき

③コロナに備えて、ワクチンの予防接種を受ける。

    a．よほうせっしゅ   b．よぼうせつしゅ   c．よぼうせっしゅ

④男女平等の世の中では、男性も育児に参加する。

    a．へいとう   b．へいどう   c．びょうどう

⑤台風でタンカーが沈没し、石油がもれだした。

    a．ちんぼつ   b．しんぼつ   c．ちんもつ

⑥義務教育期間は、小学校から中学校までである。

    a．じむ   b．ぎうむ   c．ぎむ

⑦新しいコピー機が導入され、仕事が楽になった。

    a．とうにゅう   b．どうにゅう   c．どういり

⑧医者に飲酒を制限され、がっかりした。

    a．せんげん   b．せいげん   c．せえげん

⑨私の将来の目標は、弁護士になることだ。

    a．そうらい   b．しょうれい   c．しょうらい

⑩博物館では、注意事項をよく読もう。

    a．はくぶつかん   b．はくもつかん   c．はくぶんかん

（2）次の文の下線をつけた言葉の漢字を a．b．c から選び〇をつけましょう。

①地震で家が<u>かたむき</u>、建て直さなければならない。

    a．片向き　　　　　　　　b．傾き　　　　　　　　c．方向き

②日本の四季は変化に<u>とんで</u>いる。

    a．飛んで　　　　　　　　b．富んで　　　　　　　c．跳んで

③学校では、<u>ぼうさい</u>訓練が年に2回行われている。

    a．防際　　　　　　　　　b．防済　　　　　　　　c．防災

④この付近はすべて駐車<u>きんし</u>になっている。

    a．禁示　　　　　　　　　b．禁止　　　　　　　　c．近止

⑤この学校では、<u>ひっしゅう</u>科目を15時間取ることになっている。

    a．必習　　　　　　　　　b．履修　　　　　　　　c．必修

⑥危険をさけて、安全な場所に<u>ひなん</u>する。

    a．避難　　　　　　　　　b．非難　　　　　　　　c．避灘

⑦<u>こうずい</u>で家が流される。

    a．高水　　　　　　　　　b．洪水　　　　　　　　c．行水

⑧寒さで体の<u>ふるえ</u>が止まらない。

    a．振え　　　　　　　　　b．奮え　　　　　　　　c．震え

⑨試験合格が決まり、ビールで<u>かんぱい</u>した。

    a．乾杯　　　　　　　　　b．歓杯　　　　　　　　c．冠杯

⑩異常気象で生態系が<u>はかい</u>されてきた。

    a．波解　　　　　　　　　b．破壊　　　　　　　　c．破戒

（3）第9〜10章で学んだ漢字を使って、災害や環境について自分の考えを書きましょう。
　　　例：自然のすばらしさ／環境を守る／災害の怖さなど

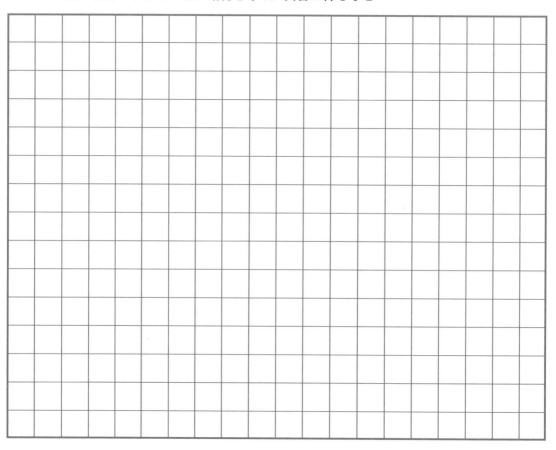

まとめテスト 第11〜12章

（1）次の文の下線をつけた言葉の読み方をa．b．c．から選び、〇をつけましょう。

①家の軒下につばめが巣を作った。

    a．けんか   b．のきした   c．のきじた

②床の間に生け花を飾ってみた。

    a．ゆか   b．とこ   c．しょう

③台風で岸壁に大きな波が打ち寄せる。

    a．がんぺき   b．がんへき   c．きしかべ

④渋滞のため、約束の時間に遅れそうだ。

    a．じゅうたい   b．じょうたい   c．じゅうてい

⑤日本には、年末お世話になった人にお歳暮を贈る習慣がある。

    a．さいぼ   b．せいぼ   c．さいぼう

⑥祖父の代から同じ稼業を続けている。

    a．けぎょう   b．かごう   c．かぎょう

⑦事故について、詳細な報告を受けた。

    a．しゅうさい   b．しょうせい   c．しょうさい

⑧手続きが簡略化され、便利になった。

    a．かんれき   b．かんりゃく   c．けんりゃく

⑨産業革命は、イギリスから始まった。

    a．かいめい   b．かくめい   c．かくみょう

⑩消灯時間を守り、規則正しい生活を送る。

    a．しゅうとう   b．しょうとん   c．しょうとう

（2）次の文の下線をつけた言葉の漢字をａ．ｂ．ｃから選び〇をつけましょう。

①プレゼントをするので、きれいにほうそうしてもらった。

ａ．方装　　　　　　　ｂ．包装　　　　　　　ｃ．包壮

②彼はひとがらがいいので、誰からも信頼されている。

ａ．人柄　　　　　　　ｂ．一柄　　　　　　　ｃ．人辛

③健康のため、げんまいを食べることにした。

ａ．源米　　　　　　　ｂ．玄枚　　　　　　　ｃ．玄米

④週末はべっそうへ行き、ゆったり過ごす。

ａ．別荘　　　　　　　ｂ．別壮　　　　　　　ｃ．別装

⑤現金をふうとうに入れて送るのは、危険です。

ａ．風筒　　　　　　　ｂ．封筒　　　　　　　ｃ．封当

⑥電力のじゅようが増えているが、料金も上がっている。

ａ．重要　　　　　　　ｂ．需用　　　　　　　ｃ．需要

⑦いつか中国大陸じゅうだんの旅をしてみたい。

ａ．中断　　　　　　　ｂ．縦断　　　　　　　ｃ．横断

⑧いろいろなこうしんりょうを入れると美味しいカレーができる。

ａ．香辛料　　　　　　ｂ．高辛量　　　　　　ｃ．香深料

⑨古代の人が描いたへきがを見て感動した。

ａ．碧画　　　　　　　ｂ．壁雅　　　　　　　ｃ．壁画

⑩故郷の母が、たくさんの野菜をつめて送ってくれた。

ａ．詰めて　　　　　　ｂ．積めて　　　　　　ｃ．摘めて

（3）第11～12章で学んだ漢字をつかって、日本の文化や生活について自分の考えを書きましょう。

例：①自分の考え／②そう考えた理由（具体的に・エピソードなど）／③まとめ

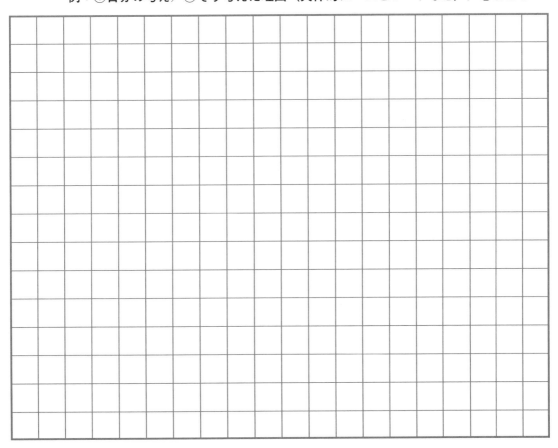

まとめテスト 第13〜14章

（1）次の文の下線をつけた言葉の漢字の読み方をa．b．c．から選び、〇をつけましょう。

①彼は今回の功績で絶大な信用を得た。

    a．ぜったい   b．ぜつだい   c．ぜつたい

②この養豚農家で作られた豚肉は、本当においしい。

    a．ようとん   b．ようぶた   c．ようどん

③大雨が続き、ダムの水を放流しなければならない。

    a．ほうりょう   b．ほうるう   c．ほうりゅう

④打ち上げ花火が、夏の夜空を彩る。

    a．あやつる   b．あやめる   c．いろどる

⑤新薬の投与で、ようやく父の病気は回復した。

    a．とうや   b．とよう   c．とうよ

⑥最近、出かける時は必ず老眼鏡を持ち歩く。

    a．ろうげんきょう   b．ろうがんきょう   c．ろうがんきゅう

⑦今朝、ついに雪化粧をした富士山を見た。

    a．ゆきかしょう   b．ゆきけしょう   c．ゆきげしょう

⑧なかなか熱が下がらないので、解熱剤を使うことにした。

    a．げねつざい   b．かいねつざい   c．げねつさい

⑨毎日料理するので、週に一回はまな板を除菌する。

    a．じょうきん   b．じょきん   c．じょっきん

⑩彼は今、彼女のことしか眼中にない。

    a．がんじゅう   b．げんじゅう   c．がんちゅう

（2）次の下線をつけた言葉の漢字を a．b．c から選び〇をつけましょう。

①故郷には、じゅれい百年の大木がある。

    a．樹令　　　　　　　　b．受令　　　　　　　　c．樹齢

②よく読むと、ぶんみゃくから言葉の意味がわかる。

    a．文派　　　　　　　　b．文脈　　　　　　　　c．分脈

③彼らはふたごの兄弟なので、区別が付きにくい。

    a．二子　　　　　　　　b．双子　　　　　　　　c．双個

④健康のため、毎日ていしぼう牛乳を飲む。

    a．低脂肪　　　　　　　b．抵脂肪　　　　　　　c．低脂防

⑤さくらぜんせんは、沖縄からスタートすることが多い。

    a．桜全線　　　　　　　b．桜前線　　　　　　　c．梅前線

⑥資源を大切にしなければ、いつかこかつするかもしれない。

    a．枯渇　　　　　　　　b．古渇　　　　　　　　c．枯掲

⑦クリスマスシーズンに備えて、店内をそうしょくする。

    a．想飾　　　　　　　　b．装色　　　　　　　　c．装飾

⑧しがいせんが強いので、日焼け止めクリームを塗る。

    a．止外線　　　　　　　b．紫外線　　　　　　　c．紫外腺

⑨スーパーのせいせん食品売り場に行くと、料理がしたくなる。

    a．生選　　　　　　　　b．正鮮　　　　　　　　c．生鮮

⑩部屋がちらかっていたので、すぐ掃除した。

    a．散らかって　　　　b．去らかって　　　　c．残らかって

（3）第 13 〜 14 章で学習した漢字を使って、「健康について」考えたことを書きましょう。
　　　例：①健康のためにやっていること／②その理由／③まとめ

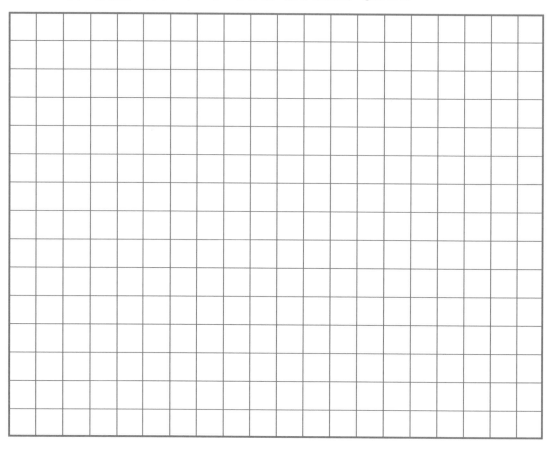

まとめテスト 第15〜16章

（1）次の文の下線をつけた言葉の読み方をa．b．c．から選び、〇をつけましょう。

①世界の宇宙開発は、どんどん進んでいる。

 a．うちゅう   b．うじゅう   c．うちょう

②生死の境をさまよった父が、ようやく快方に向かっている。

 a．せかい   b．さかい   c．しかい

③今度昇給することになり、うれしくてたまらない。

 a．じょうきゅう   b．しょうぐう   c．しょうきゅう

④昨年始まった戦争が泥沼化し、いつ終わるのかわからない。

 a．どろのま   b．どろぬま   c．とろぬま

⑤勝つか負けるかの瀬戸際で、力がわいてくる。

 a．せとぎわ   b．せどぎわ   c．せときわ

⑥昨日の台風で、ついに土砂崩れが起きた。

 a．どしゃ   b．どさ   c．どうさ

⑦この会社では、出勤後、更衣室で制服に着がえます。

 a．こうぎしつ   b．せいいしつ   c．こういしつ

⑧合格祈願のため、近くの神社でお参りをした。

 a．きがん   b．いがん   c．きげん

⑨御殿のような家に住んでいるのは、どんな人なんだろう。

 a．おんでん   b．ごてん   c．ごでん

⑩試験前日に徹夜をし、本番で眠くなってしまった。

 a．てつよ   b．てつや   c．てつよる

（2）次の下線をつけた言葉の漢字を a．b．c から選び、〇をつけましょう。

①不況による資金難で、計画が<u>ちゅう</u>に浮いてしまった。

　　a．中　　　　　　　b．宙　　　　　　　c．抽

②せっかくの努力が、<u>すいほう</u>に帰す結果となってしまった。

　　a．水包　　　　　　b．水方　　　　　　c．水泡

③<u>てんじょう</u>が高い家には、さまざまな工夫がある。

　　a．天井　　　　　　b．天上　　　　　　c．天丼

④最近の<u>れいとう</u>食品の味は、プロ並みだ。

　　a．冷凍　　　　　　b．零凍　　　　　　c．令豆

⑤昨日の雪で路面が<u>とうけつ</u>し、危険だ。

　　a．冬結　　　　　　b．凍結　　　　　　c．凍穴

⑥病気が悪化し、<u>てんてき</u>を打たなければならない。

　　a．天敵　　　　　　b．点滴　　　　　　c．天滴

⑦子どもが生まれるのを機会に、空気<u>せいじょう</u>機を入れることにした。

　　a．正常　　　　　　b．生浄　　　　　　c．清浄

⑧<u>はまべ</u>で、スイカ割りをして遊んだのがいい思い出だ。

　　a．浜辺　　　　　　b．海辺　　　　　　c．浜部

⑨散歩の途中で<u>ほらあな</u>を見つけた。

　　a．堀穴　　　　　　b．洞穴　　　　　　c．空洞

⑩電車で、<u>おとしより</u>が乗って来たので席をゆずった。

　　a．お年因り　　　　b．お年寄り　　　　c．お歳寄り

（3）第15〜16章で学習した漢字を使って「地球環境」や「日本人のコミュニケーション」について自分の考えを書きましょう。

例：①自分の考え／②そう考えた理由（具体的にエピソードなど）／③まとめ

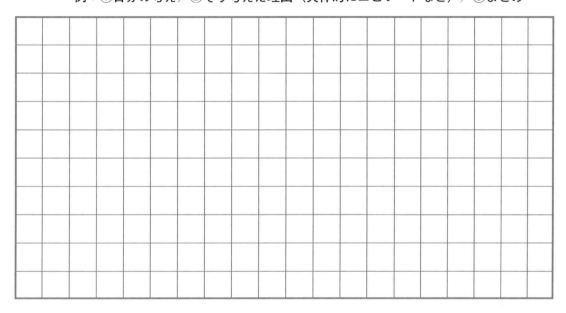

まとめテスト 第17〜18章

（1）次の下線をつけた言葉の漢字の読み方をa．b．c．から選び、〇をつけましょう。

①このクラスでは、授業の初めに日直が号令をかける。

　　a．ごうれい　　　　　b．ごうせい　　　　　c．ごうれえ

②急に問題が発生したので、社員全員で対策を考える。

　　a．ついさく　　　　　b．たいさく　　　　　c．たいせつ

③意見がまとまらないので、挙手で賛否を決めることにした。

　　a．きょしゅ　　　　　b．きょて　　　　　　c．きょうしゅ

④戸籍を調べると、先祖のことがいろいろわかった。

　　a．とせき　　　　　　b．とさく　　　　　　c．こせき

⑤選挙権があっても、投票に行かない若者がいる。

　　a．せんぎょけん　　　b．せんきょけん　　　c．せんたくけん

⑥A君とB君はいつもけんかをするので、ぼくが仲裁役だ。

　　a．ちゅうざい　　　　b．ちゅうさい　　　　c．ちょうてい

⑦入社して5年目、組織の中核を担うまでに成長した。

　　a．じゅうかく　　　　b．ちゅうごく　　　　c．ちゅうかく

⑧サッカーでの彼の動きはすばらしく、速攻で点を取った。

　　a．そくこう　　　　　b．そっこう　　　　　c．そくげき

⑨彼女はスポーツも得意で勉強もよくする。文武両道の生徒だ。

　　a．もんぶ　　　　　　b．ぶんぶ　　　　　　c．むんぶ

⑩隣国に勝手に侵略するなんて驚きだ。

　　a．しいこう　　　　　b．しんりょく　　　　c．しんりゃく

（2）次の下線をつけた言葉の漢字をａ．ｂ．ｃから選び、〇をつけましょう。

①日本の近隣には、かいご問題を抱えている国が多い。

 ａ．介護   ｂ．回護   ｃ．介互

②パーティーに一人で行くのはていさいが悪い。

 ａ．抵裁   ｂ．体栽   ｃ．体裁

③世界では、人口の数パーセントの人が富をどくせんしている。

 ａ．独占   ｂ．特占   ｃ．独専

④国連のかめい国が、戦争をやめないなんて問題である。

 ａ．加名   ｂ．加盟   ｃ．可盟

⑤友達が帰国してから、とてもたいくつな毎日だ。

 ａ．態屈   ｂ．退屈   ｃ．体屈

⑥彼が発言すると、いつもそのきはくに圧倒される。

 ａ．気迫   ｂ．気拍   ｃ．気伯

⑦会社がとうさんしたので、新しい仕事を探さなければならない。

 ａ．到産   ｂ．倒参   ｃ．倒産

⑧病気がかんちして、今は本当に幸せだ。

 ａ．完治   ｂ．貫治   ｃ．完持

⑨山の頂上で、ぐうぜん学生時代の友達に出会った。

 ａ．遇然   ｂ．偶全   ｃ．偶然

⑩アメリカ大統領の訪日で、大通りは交通きせいが行われている。

 ａ．規正   ｂ．規整   ｃ．規制

（3）第 17 〜 18 章の漢字を使って短文を作りましょう。

・
　　○

・
　　○

・
　　○

・
　　○

・
　　○

問題解答編❶

確認問題 【1】〜【19】 解答

【1】問題1 ①たくはい／べんり ②ならびに ③にもつ／とどいて ④まじった ⑤ていきけん ⑥にわ／さいた ⑦へや／ととのえる ⑧そうじき ⑨とちゅう ⑩せんぱい／いそがしそう

問題2 ①港 ②引っ越し／住居 ③甘い／菓子 ④並んで ⑤到着 ⑥汁 ⑦切符 ⑧丼 ⑨汚す ⑩日誌

【2】問題1 ①きざんで ②すぎて ③かくえきていしゃ／きゅうこう ④りょうし／くらい ⑤せいぞうねんがっぴ ⑥ゆにゅう ⑦りょうりつ ⑧じどうかいさつ ⑨きちょうひん／あずけた ⑩さかんな

問題2 ①停 ②含んで ③欠航 ④前払い ⑤戻った ⑥招待 ⑦仮説 ⑧渡る ⑨溶かし ⑩名札

【3】問題1 ①ことなる ②しんりょう ③くらす ④すこやかな ⑤はいけい ⑥しゅのう ⑦むね ⑧すじがき ⑨せいたい ⑩あっぱく

問題2 ①健康 ②往復 ③季節 ④因る ⑤命 ⑥不況 ⑦皮 ⑧処方 ⑨触れて ⑩観察

【4】問題1 ①いそがしい ②えいよう ③きそい ④しゅうかん ⑤きびしい ⑥さいしゅう ⑦つとめて ⑧したがって ⑨かいぜん ⑩かいようしげん

問題2 ①風景 ②信頼 ③評判 ④比較 ⑤価格 ⑥案内 ⑦適した ⑧総合 ⑨就職 ⑩疲労

【5】問題1 ①ねだん ②しはん ③ちぢまった ④かたづける ⑤はんがく ⑥ゆうえき ⑦なっとく ⑧かぶしきがいしゃ ⑨じゅうじつ ⑩うら

問題2 ①減らす ②除く ③追加 ④幅広い ⑤文章 ⑥割って ⑦役に立つ ⑧損ねる ⑨納め ⑩財布

【6】問題1 ①はいく ②てんらんかい ③じだいげき ④みまい ⑤しょくどう ⑥ぬの ⑦えいきょう ⑧かんさつ ⑨やわらかい ⑩ほうせき

問題2 ①城下町 ②栄養 ③蔵 ④昭和 ⑤作詞 ⑥快く ⑦統合 ⑧単純 ⑨柔軟 ⑩注いで

【7】問題1 ①どくさつ ②ぼうはん ③にげた ④おそれて ⑤やぶる ⑥はなれて ⑦きらい

⑧まよって ⑨さそわれて ⑩ぜっきょう

問題2 ①暴力（ぼうりょく） ②分別（ぶんべつ） ③恥ずかしい（は） ④第一印象（だいいちいんしょう） ⑤勧められて（すす） ⑥捕手（ほしゅ） ⑦精一杯（せいいっぱい） ⑧視界（しかい） ⑨殺して（ころ） ⑩刺される（さ）

【8】問題1 ①いっしゅう ②かこんで ③たがいに ④こうきょう ⑤みなさま ⑥かんしゃ ⑦しょう ⑧とうとぶ／たっとぶ ⑨ちいき ⑩はげみ

問題2 ①頂上（ちょうじょう） ②伺い（うかが） ③拝む（おが） ④申し（もう） ⑤遊園地（ゆうえんち） ⑥誰か（だれ） ⑦一緒に（いっしょ） ⑧協力（きょうりょく） ⑨致命的（ちめいてき） ⑩共に（とも）

【9】問題1 ①しずむ ②しえん ③さけて ④あれる ⑤はん ⑥ちえ ⑦はげしい ⑧ふんか ⑨こうずい ⑩つなみ

問題2 ①災害（さいがい） ②嵐（あらし） ③涼しい（すず） ④雷（かみなり） ⑤湿度（しつど） ⑥乾いて（かわ） ⑦浮かべて（う） ⑧被害（ひがい） ⑨傾き（かたむ） ⑩崩れ（くず）

【10】問題1 ①ひんぷ ②ゆたか ③みちびいた ④びょうどう ⑤きょうくん ⑥きんしゅ ⑦いちりつ ⑧はんそく ⑨じゅくこうし ⑩ごくらく

問題2 ①産まれた（う） ②署名（しょめい） ③専門（せんもん） ④許可証（きょかしょう） ⑤法学部（ほうがくぶ） ⑥将来（しょうらい） ⑦博物館（はくぶつかん） ⑧基づいて（もと） ⑨修士（しゅうし） ⑩記述（きじゅつ）

【11】問題1 ①しょうとう ②しょうてんがい ③かびん ④たたみ ⑤おおつぶ ⑥べっそう ⑦せいぼ ⑧じゅうたい ⑨しきもの ⑩のきした

問題2 ①辛い（から） ②奥歯（おくば） ③狭い（せま） ④封筒（ふうとう） ⑤詰まって（つ） ⑥隣（となり） ⑦起床（きしょう） ⑧玄米（げんまい） ⑨廊下（ろうか） ⑩酢の物（すもの）

【12】問題1 ①けいたい ②じゅうだん ③わく ④すみ ⑤きょひ ⑥ななめ ⑦みちばた ⑧かたく ⑨いだいな ⑩かさ

問題2 ①即（そく） ②印刷（いんさつ） ③稼ぐ（かせ） ④装い（よそお） ⑤需要（じゅよう） ⑥賢い（かしこ） ⑦簡単（かんたん） ⑧詳細（しょうさい） ⑨珍しい（めずら） ⑩花柄（はながら）

【13】問題1 ①けんきゃく ②じょきん ③ろうがんきょう ④やくざいし ⑤はなやかな ⑥かんけつ ⑦ゆきげしょう ⑧いさぎよく ⑨じゅれい ⑩みゃくはく

問題2 ①鏡（かがみ） ②喫茶店（きっさてん） ③渇いて（かわ） ④妊娠（にんしん） ⑤眼下（がんか） ⑥双子（ふたご） ⑦看板（かんばん） ⑧患って（わずら） ⑨拍手（はくしゅ） ⑩低脂肪（ていしぼう）

【14】問題1 ①ぜったい ②はなす ③ようもう ④いろどる ⑤さんぽ ⑥ぼくちく ⑦す ⑧しんせん ⑨むらさきいろ ⑩めん

問題2 ①<ruby>紅白<rt>こうはく</rt></ruby> ②<ruby>豚肉<rt>ぶたにく</rt></ruby> ③<ruby>放課後<rt>ほうかご</rt></ruby> ④<ruby>飼<rt>か</rt></ruby>い ⑤<ruby>灰色<rt>はいいろ</rt></ruby> ⑥<ruby>綿<rt>めん</rt></ruby> ⑦<ruby>与<rt>あた</rt></ruby>える ⑧<ruby>香<rt>かお</rt></ruby>り ⑨<ruby>着飾<rt>きかざ</rt></ruby>って ⑩<ruby>枯<rt>か</rt></ruby>らして

【15】問題1 ①たんすいかぶつ ②いどみず ③ほらあな ④わんない ⑤おき ⑥せいじょうき ⑦どろぬま ⑧さわのぼり ⑨じょうしょう ⑩かんきょう

問題2 ①<ruby>銅<rt>どう</rt></ruby> ②<ruby>穴<rt>あな</rt></ruby> ③<ruby>高層<rt>こうそう</rt></ruby> ④<ruby>砂浜<rt>すなはま</rt></ruby> ⑤<ruby>入<rt>い</rt></ruby>り<ruby>江<rt>え</rt></ruby> ⑥<ruby>点滴<rt>てんてき</rt></ruby> ⑦<ruby>冷凍<rt>れいとう</rt></ruby> ⑧<ruby>滝<rt>たき</rt></ruby> ⑨<ruby>温泉<rt>おんせん</rt></ruby> ⑩<ruby>宇宙<rt>うちゅう</rt></ruby>

【16】問題1 ①きがん ②ちえん ③きゅうせき ④もようしもの ⑤そうぞうしい ⑥そうぞう ⑦てつや ⑧あやまる ⑨よふかし ⑩ばんしゃく

問題2 ①<ruby>変更<rt>へんこう</rt></ruby> ②<ruby>赤<rt>あか</rt></ruby>ん<ruby>坊<rt>ぼう</rt></ruby> ③お<ruby>年寄<rt>としよ</rt></ruby>り ④<ruby>御殿<rt>ごてん</rt></ruby> ⑤<ruby>宴<rt>えん</rt></ruby> ⑥<ruby>更<rt>さら</rt></ruby> ⑦<ruby>記憶<rt>きおく</rt></ruby> ⑧<ruby>超<rt>こ</rt></ruby>えた ⑨<ruby>誤解<rt>ごかい</rt></ruby> ⑩<ruby>延<rt>の</rt></ruby>びた

【17】問題1 ①じょうけん ②たいさく ③しかい ④よとう／やとう ⑤あげる ⑥じゅうみんひょう ⑦せんきょけん ⑧こくせき ⑨かんち ⑩みんしゅう

問題2 ①<ruby>氏名<rt>しめい</rt></ruby> ②<ruby>先祖<rt>せんぞ</rt></ruby> ③<ruby>偶然<rt>ぐうぜん</rt></ruby> ④<ruby>似<rt>に</rt></ruby>て ⑤<ruby>都庁<rt>とちょう</rt></ruby> ⑥<ruby>倒<rt>たお</rt></ruby>れた ⑦<ruby>秩序<rt>ちつじょ</rt></ruby> ⑧<ruby>批判<rt>ひはん</rt></ruby> ⑨<ruby>弾<rt>はず</rt></ruby>んで ⑩<ruby>戦争<rt>せんそう</rt></ruby>

【18】問題1 ①りょうかい ②かめい ③しゅえい ④くっしん ⑤せまって ⑥おびやかす ⑦ちゅうしゃ ⑧ぶんぶ ⑨ばくちく ⑩ちょくげき

問題2 ①<ruby>罰金<rt>ばっきん</rt></ruby> ②<ruby>介護<rt>かいご</rt></ruby> ③<ruby>裁判<rt>さいばん</rt></ruby> ④<ruby>占<rt>うらな</rt></ruby>い ⑤<ruby>衛生<rt>えいせい</rt></ruby> ⑥<ruby>検討<rt>けんとう</rt></ruby> ⑦<ruby>射<rt>い</rt></ruby>た ⑧<ruby>専攻<rt>せんこう</rt></ruby> ⑨<ruby>核<rt>かく</rt></ruby> ⑩<ruby>兵役<rt>へいえき</rt></ruby>

【19】問題1 ①かごしまけん ②えひめけん ③みやざきけん ④ぶんき ⑤むれ ⑥とちぎけん ⑦なら ⑧さいきょうせん ⑨ばつぐん ⑩かながわけん

問題2 ①<ruby>貝塚<rt>かいづか</rt></ruby> ②<ruby>丘<rt>おか</rt></ruby> ③<ruby>鹿<rt>しか</rt></ruby> ④<ruby>丁<rt>てい</rt></ruby> ⑤<ruby>阪神<rt>はんしん</rt></ruby> ⑥<ruby>岡山県<rt>おかやまけん</rt></ruby> ⑦<ruby>大阪<rt>おおさか</rt></ruby> ⑧<ruby>山梨<rt>やまなし</rt></ruby> ⑨<ruby>茨<rt>いばら</rt></ruby> ⑩<ruby>群<rt>む</rt></ruby>がる

問題解答編❷

まとめテスト編
〔第1章〕〜〔第18章〕

まとめテスト 第1〜2章 解答

（1）①a ②b ③c ④b ⑤c ⑥a ⑦b ⑧a ⑨c ⑩b

（2）①c ②b ③a ④b ⑤b ⑥a ⑦c ⑧b ⑨a ⑩b

（3）省略

まとめテスト 第3〜4章 解答

（1）①b ②a ③c ④a ⑤b ⑥c ⑦b ⑧a ⑨a ⑩b

（2）①c ②b ③c ④a ⑤b

（3）①肩 ②腹 ③腕 ④腰 ⑤骨

（4）省略

まとめテスト 第5〜6章 解答

（1）①b ②c ③a ④b ⑤c ⑥b ⑦a ⑧c ⑨b ⑩c

（2）①c ②a ③b ④c ⑤c ⑥a ⑦c ⑧b ⑨a ⑩c

（3）省略

まとめテスト 第7〜8章 解答

（1）①a ②a ③c ④b ⑤a ⑥b ⑦c ⑧c ⑨c ⑩b

（2）①b ②c ③c ④b ⑤a ⑥a ⑦b ⑧c ⑨a ⑩a

（3）省略

まとめテスト 第9〜10章 解答

（1）①c ②b ③c ④c ⑤a ⑥c ⑦b ⑧b ⑨c ⑩a

（2）①b ②b ③c ④b ⑤c ⑥a ⑦b ⑧c ⑨a ⑩b

（3）省略

まとめテスト 第11〜12章　解答

（1）① b　② b　③ a　④ a　⑤ b　⑥ c　⑦ c　⑧ b　⑨ b　⑩ c

（2）① b　② a　③ c　④ a　⑤ b　⑥ c　⑦ b　⑧ a　⑨ c　⑩ a

（3）省略

まとめテスト 第13〜14章　解答

（1）① b　② a　③ c　④ c　⑤ c　⑥ b　⑦ c　⑧ a　⑨ b　⑩ c

（2）① c　② b　③ b　④ a　⑤ b　⑥ a　⑦ c　⑧ b　⑨ c　⑩ a

（3）省略

まとめテスト 第15〜16章　解答

（1）① a　② b　③ c　④ b　⑤ a　⑥ a　⑦ c　⑧ a　⑨ b　⑩ b

（2）① b　② c　③ a　④ a　⑤ b　⑥ b　⑦ c　⑧ a　⑨ b　⑩ b

（3）省略

まとめテスト 第17〜18章　解答

（1）① a　② b　③ a　④ c　⑤ b　⑥ b　⑦ c　⑧ b　⑨ b　⑩ c

（2）① a　② c　③ a　④ b　⑤ b　⑥ a　⑦ c　⑧ a　⑨ c　⑩ c

（3）省略

索引❶【音読み】

索引❷【訓読み】

【監修者紹介】

◎南雲智：東京都立大学名誉教授。2019年、一般社団法人留学生就職サポート協会を設立し、理事長に就任。日本企業で働きたい外国人留学生向けに各種教育・啓発活動を行い、優秀な外国人留学生の就職をサポートしている。

【著者紹介】

◎渡部聡子：日本語学校講師

よくわかる！日本語能力試験　Ｎ２合格テキスト　漢字

2023年3月30日　初版第1刷発行

監　修　南雲　智
著　者　渡部聡子
発行者　森下紀夫
発行所　論　創　社

〒101-0051 東京都千代田区神田神保町 2-23　北井ビル

tel. 03（3264）5254　fax. 03（3264）5232　https://ronso.co.jp

振替講座　00160-1-15526

本文・カバーデザイン　岡本美智代（mos96）
印刷・製本　精文堂印刷　組版　桃青社
ISBN978-4-8460-2242-6
落丁・乱丁本はお取替えいたします。